KB058532

인류 밖에서 찾은
완벽한 리더들

진화생물학 권위자 장이권의
20가지 동물의 리더십 이야기

인류 밖에서 찾은
완벽한 리더들

장이권 지음

21세기북스

왜 동물의 리더십인가?

모든 동물 사회는 흥망성쇠를 반복한다. 흥망성쇠의 요인은
아주 다양하지만 동물 집단 내부에서 가장 중요하며, 순간
적으로 방향을 결정하는 요인은 곧 리더십이다.

리더십은 집단생활을 하는 개인들이 결속을 유지하며 공
통의 목적을 수행하기 위해 사회적인 조정을 하는 과정이
다. 리더십은 구성원의 협력과 정확하고 신속한 의사결정을
촉진하기 때문에 진화 과정에서 선택되었다. 따라서 리더십
은 종종 성공적인 집단과 그렇지 않은 집단을 가르는 가장
중요한 요인이 된다. 이 점은 동물 사회에서도, 그리고 인간
사회에서도 마찬가지다.

『인류 밖에서 찾은 완벽한 리더들』에서는 동물의 리더십

을 다룬다. 리더십에 관한 책은 아주 많고, 매년 끊임없이 발간되고 있다. 지금까지 발표한 리더십 책들과 비교할 때 이 책에 더 추가할 내용이 있을까? 이 책의 차별성은 리더십을 생명체의 한 형질로 다루고, 진화생물학적 관점에서 조명한다는 점이다. 형질은 피부색, 키 또는 성격과 같이 생명체의 고유 특징이다. 한 생명체의 형질은 보통 뚜렷한 기능이 있고, 환경에 적응해 개인의 생존과 번식의 기회를 증진시키며, 오랜 진화의 과정을 거친다. 마찬가지로 리더십 또한 하나의 형질이기 때문에 반드시 기능이 있고, 리더와 팔로워의 생존과 번식의 기회를 증진시키며, 오랜 진화 과정을 거쳤다.

리더십을 진화적인 관점에서 보는 것은 왜 중요한가? 지금까지 리더십은 주로 사회과학의 영역으로 여겨졌고, 따라서 근접적인 질문에 치중했다. 예를 들어 리더십을 '좋은 리더란 무엇이며, 어떤 특징이 좋은 리더를 만드는가?'라는 관점으로만 본다면 경험적인 판단에서 나온 단순한 묘사의 단계를 벗어나기 어렵다.

이 책에서는 리더십의 궁극적인 질문에 초점을 맞춘다. 예를 들어 '리더십은 왜 필요한가?', '리더십의 기원은?', '리더십의 적응적 기능은 무엇인가?' 하는 것이다. 작은 개미 사회에서 거대한 코끼리 사회까지 다양하게 나타나는 동물 사회의 리더십을 하나의 일관된 관점으로 이해하고, 리더십의 본질을 꿰뚫어보는 것이 이 책의 목적이다.

1부는 다양한 동물 사회가 등장하고, 각 사회마다 독특한 리더십을 소개한다. 동물 사회는 구성원의 수, 혈연관계, 관계의 지속 시간, 이익의 분배 구조, 물리적 환경 측면에서 서로 다르다. 각 동물 집단마다 처한 생태적(물리적·사회적) 환경이 다르고, 여기서 발생하는 사회적인 조정의 문제점이 다르며, 이를 해결하는 리더십 스타일도 다르다.

2부는 게임 이론을 이용해 리더십의 진화를 조명하고, 리더가 되는 과정을 설명한다. 리더십의 시작은 집단생활을 하는 구성원들의 욕구가 다를 때 이 차이를 조정하는 과정이다. 사회적 조정은 구성원이 리더와 팔로워로 나뉘면 쉽게 이루어질 수 있다. 그런데 사회 통합이 유지되려면 리더십을 통해 리더와 팔로워 모두 궁극적인 이익을 누려야 한다. 또 사회적인 상호작용을 통해 리더가 만들어지는 과정을 설명한다.

3부는 불공평한 사회에서 필요한 리더십이다. 동물 집단은 이기적인 구성원들의 집합이고, 집단생활의 혜택은 구성원에게 불공평하게 돌아간다. 그리고 불공평으로 인한 갈등이 심화되면 집단은 붕괴된다. 동물의 사례를 이용해 불공평한 사회를 유지하는 리더십의 비밀을 알아본다.

4부는 불확실한 상황에서 필요한 의사결정 방식과 과정을 다룬다. 동물들이 살아가는 환경은 늘 불확실성으로 가득하다. 불확실한 상황에서는 권위적인 리더십보다는 풍부한 경험으로 무장하고, 독립적으로 판단할 수 있는 다수가 의사결정을 하는 분산성 리더십이 유리하다. 벌목 곤충의 예를 통해 의사결정의 오류를 피하면서 사회 통합까지 가져오는 민주적인 의사결정 과정을 검토한다.

5부는 사회생활의 기본 원리인 협력에 초점을 맞춘다. 특히 이질적인 구성원들이 많은 대규모 사회에서 성공적인 사회생활은 구성원의 협력에 바탕을 둔다. 대규모 사회를 유지하기 위해서는 구성원의 필요를 이해하고, 협력을 잘 이끌어내며, 결속력을 다질 수 있는 리더십이 필요하다.

우리는 왜 동물의 리더십에 주목해야 할까? 인간은 지난 몇백만 년간 독립적으로 진화해왔다. 따라서 인간의 리더십은 다른 동물의 리더십과 비교해 분명한 차이가 존재한다. 그렇지만 구성원의 욕구를 조정해 사회적인 통합에 이르게 하는 리더십의 고유 기능은 인간 사회를 포함한 모든 동물 사회도 마찬가지다. 다양한 동물 사회를 들여다봄으로써 리더십과 관련해 발생할 수 있는 모든 문제와 그 해결책을 조명해볼 수 있다. 동물의 리더십은 불평등한 현재와 불확실한 미래를 헤쳐 나가야 하는 우리가 반드시 참고해야 할 지침이다.

2023년 1월

장이권

차례

1

공감하는 동물이 알려주는

동물의 리더십

리더가 있는 무리가 없는 무리보다
거의 예외 없이 훨씬 더 성공적이다.

집단생활과 사회적 통합

동물은
왜 집단을 형성하는가

어떤 한 개인이 혼자 산다고 가정해보자. 그러면 그 개인은 곧 스스로 리더이자 팔로워follower가 된다. 따라서 리더십과 팔로워십 간에 전혀 충돌이 생기지 않는다. 혼자서 모든 일을 결정하면 되기 때문에 리더십은 의미가 없다. 그러므로 리더십은 집단을 이루고 사는 동물에서만 가능하다. 집단 내에는 하나 또는 일부가 리더가 되고, 나머지는 팔로워가 된다. 그래서 리더십을 제대로 이해하려면 동물들이 왜 집단을 형성하는지에 대해서부터 먼저 짚고 넘어가야 한다.

동물들이 집단을 형성하는 가장 중요한 이유는 포식자 방어다. 혼자 경계하기보다는 여럿이 함께 경계할 때 포식자를 발견할 확률이 높아진다. 눈과 귀가 많으면 많을수록 포식자를 탐지할 공간이 넓어지거나, 끊임없이 경계할 수 있다. 경계에 실패해 포식자가 공격해 오더라도 집단의 크기가 중요하다. 집단이 클수록 방어력도 커진다. 심지어 불운하게 누군가 잡아먹히게 되더라도 집단이 클수록 내가 희생당할 확률이 그만큼 낮아진다.

포식자는 종종 상대적으로 손쉬운 먹잇감인 새끼를 노리는 경우가 많다. 남극대륙의 육상 환경에서 황제펭귄 새끼를 위협하는 대표적인 포식자는 자이언트풀마갈매기^{Mac-}ronectes giganteus이다. 일부 군락colony의 경우 새끼들의 약 3분의 1 정도가 이 갈매기에 의해 희생당한다. 이 갈매기는 날개폭이 1.8~2.1미터나 되는 커다란 새다. 자이언트풀마갈매기는 취약한 새끼를 노리다 목덜미를 물어 채간다. 이 갈매기가 공격하면 황제펭귄 새끼들은 원형으로 대형을 갖춘다. 새끼들이라고는 하지만 키가 거의 1미터에 달하기 때문에 원형 대형을 유지하면 갈매기가 어떤 방향으로 공격해 와도 어느 정도 방어할 수 있다.

황제펭귄 새끼들은 자이언트풀마갈매기가 공격하면 서로 원형 대형을
갖춰 방어한다.   자료: Dargaud, wikimedia

　동물의 무리는 포식자로 하여금 공격을 단념하게 하는 효
과도 있다. 붉은사슴^{Cervus elaphus}은 서부 유라시아 대륙에 넓
게 퍼져 있다. 사진의 붉은사슴 모습을 자세히 살펴보면 일
제히 어느 한 방향을 보고 있고, 모두 다 귀를 쫑긋 세우고
있다는 것을 알 수 있다.

　이런 행동은 자신들 앞에 나타난 위협 요인에게 '우리가
지금 너를 지켜보고 있다. 우리가 너를 경계하고 있다'라는
것을 드러내는 것이다. 무리가 단체로 이런 경계 행동을 하

주위를 경계하고 있는 붉은사슴 무리

자료: Clipart.com

면 포식자는 공격을 포기하고 물러난다. 강력한 포식자 앞에서 개인이 취할 수 있는 가장 좋은 방어는 무리를 형성하는 것이다.

동물이 집단을 형성하는 두 번째 이유는 먹이 활동과 관련이 있다. 포식자 방어와 마찬가지로 먹이를 찾을 때도 여럿이 함께 찾으면 훨씬 더 효율적이다. 보는 눈이 많고 훨씬 더 넓은 지역을 탐색할 수 있으므로 더 쉽게 더 빨리 더 많이 먹이를 찾을 수 있다. 그뿐만 아니라 어떤 먹잇감은 매우 커서 혼자 포획하기 어려울 수 있다. 이때도 역시 개인들이 협력을 통해 같이 포획하면 수월하게 먹잇감을 획득할 수 있다.

무리를 지어 먹이를 획득하는 대표적인 동물의 예가 사자다. 고양이과 동물은 대부분 단독으로 살아가지만, 유독 사자는 집단생활을 한다. 사자의 먹잇감은 주로 대형 포유류인데 암컷 한 마리가 단독으로 먹잇감을 쓰러뜨리기는 어렵다. 여러 마리의 암컷 사자가 서로 협력하고 역할을 나눠야만 성공적으로 먹잇감을 사냥할 수 있다. 이 외에도 동물들이 집단을 형성하는 여러 이유가 있지만, 포식자 방어와 먹이 활동이 가장 핵심적인 이유다.

집단생활의 단점과 사회적 통합

집단을 형성해 살아가면 이렇게 유리한 점만 있을까? 모든 사회가 그렇듯이 집단생활에도 단점은 있다. 대표적인 단점으로는 먹이 배분과 감염, 그리고 구성원의 각기 다른 욕구 등을 들 수 있다. 집단생활을 하는 개인들이 먹잇감을 발견했을 때 나 혼자 독점하기는 어렵다. 무리의 구성원이 모두 배부르게 먹을 수 있는 경우는 먹이가 풍부할 때뿐이다. 대부분 먹이의 분배는 불공평하고, 팔로워들은 충분한 먹이를 확보하기 어려운 경우가 많다.

리더라도 먹이 확보에 비용이 따를 수 있다. 침팬지와 같은 일부 종은 위계질서에 따라 먹잇감에 접근하는 순서가 결정된다. 그러나 무리에서 서열이 가장 높은 개인이라 하더라도 팔로워가 먹잇감에 접근하지 못하도록 위협을 해야한다. 또 팔로워가 몰래 먹이를 훔칠 수도 있다. 먹이 배분의 불공평은 집단생활에서 흔하게 나타나는 단점이다.

집단을 형성하면 필연적으로 개인들 간의 거리가 가까워지고, 따라서 전염병이나 기생에 취약해진다. 최근 전 세계 사회에 심각한 문제가 된 코로나19처럼 전염병이나 기생은 동물에게도 심각한 문제를 일으킨다. 예를 들어 북아메리카에서 번식하는 삼색제비Petrochelidon pyrrhonota는 둥지를 다닥다닥 붙여 짓는다. 서로 모여 있으므로 삼색제비는 다른 제비로부터 먹잇감에 대한 정보를 얻을 수 있다. 그렇지만 둥지가 서로 붙어 있기 때문에 흡혈하는 벌레들이 종종 새끼들에 기생한다(Brown and Brown, 1986). 둥지의 밀도가 높아질수록 흡혈하는 벌레들이 기생할 확률이 높아지고, 새끼들의 생존율은 감소한다. 우리는 코로나19에 대한 예방조치로

거리두기를 한다. 마찬가지로 동물들도 전염병이나 기생이 예상되면 거리두기를 이용해 집단의 밀도를 낮춘다. 커다란 집단과 구성원의 잦은 접촉은 전염병이나 기생자가 활개 칠 이상적인 조건이다.

집단생활의 가장 중요한 단점은 구성원의 욕구가 서로 다르다는 데에서 기인하는 문제점이다. 이 부분은 우리 사회에서도 타인과 함께 집단생활을 하면 크든 작든 늘 부딪치는 문제다. 예를 들어 나는 오늘 야구를 보러 가고 싶은데 친구는 영화를 보러 가고 싶다고 한다. 이렇게 두 사람의 욕구가 충돌할 때 우리는 두 선택지 중 하나를 선택하거나, 아니면 각자 따로 자신이 하고 싶은 것을 선택해야 한다.

집단생활의 단점이 두드러지면 어떻게 될까? 이해 충돌이 발생하고, 심각하면 집단이 와해될 수도 있다. 위의 예에서 나와 친구가 서로 다른 선택지를 선택하면, 그날은 두 사람이 더 이상 같이 있지 못하게 된다. 그래서 집단이 제대로 잘 유지되려면 사회적으로 조정이 필요하다. 지금 당장 어떤 욕구가 가장 중요한지를 판단하고, 그 외의 욕구는 조금 뒤로 미뤄도 되는지 등과 같이 우선순위를 정하는 사회적 조정이 따라야 한다.

사회적 조정은 리더와 팔로워가 등장할 때 쉽게 이뤄진다 (2부 7장 참조). 앞의 예에서 만약에 나와 친구 중 한 명이 결정을 하고 다른 사람이 그 결정을 따르면 두 사람은 그날 같이 보낼 수 있다. 그렇지 않고 둘 다 각자의 욕구만 주장하면 두 사람은 그날 같이 지내지 못한다. 마찬가지로 서로 결정하지 않으면 그날 아무런 활동도 일어나지 않는다. 이렇게 우리는 상호작용하는 개인들이 공통의 목적을 달성하기 위해 행동을 조정하는 사회적 과정을 곧 리더십이라고 한다. 리더는 다른 이, 즉 팔로워에게 사회적 영향력을 행사해 공통의 목적common goal을 달성한다. 그 영향력은 힘일 수도 있고, 아니면 다른 수단, 가령 설득일 수도 있다.

이때 '공통의 목적'이 중요한데, 보통 공통의 목적은 리더의 욕구일 수 있다. 혹은 지금 무리에게 필요한 것이 무엇인지, 무엇을 우선으로 해야 하는지 등 서로의 합의에 따라 공통된 목적을 결정할 수도 있다. 또 리더가 무리의 욕구를 이해하고 이를 공통의 목적으로 결정할 수도 있다. 공통의 목적은 생물종이나 집단의 크기에 따라 달라지며, 결정하는 주체도 집단마다 다를 수 있다. 이 부분은 각 생물종의 리더십을 들여다보면 쉽게 이해할 수 있다.

리더가 있으면 반드시 팔로워가 존재하게 되는데, 팔로워는 리더에 맞춰 자기 행동을 조정하는 자들이다. 팔로워는 자신의 욕구를 자제하고, 리더의 목적에 호응한다. 그러므로 자신의 욕구를 일시적 혹은 영구적으로 포기함으로써 사회적 통합이 이루어진다. 그렇지 않고 구성원들의 욕구가 중구난방으로 뻗어나가면 집단생활은 절대 유지될 수 없다. 이때 그 집단이 공통의 목적을 향해 나아가도록 하는 사회적 조정이 바로 리더의 역할이다.

　각각의 동물 집단마다 사회적 조정이 이루어지는 과정이 다르다. 1부에서는 코끼리, 늑대, 침팬지, 여왕벌의 순으로 동물 집단의 사회적 조정이 어떻게 이루어지는지 알아보고, 또 동물마다 리더십 스타일이 어떻게 다른지를 살펴본다.

2

코끼리 가모장, 경험과 지식으로 무장한 리더십

암컷 중심 사회의
코끼리 집단

코끼리는 아프리카의 상징과도 같은 동물이다. 코끼리 집단의 리더를 가모장matriarch이라고 하는데, 가모장은 집단에서 가장 나이가 많은 암컷을 말하며 대개 나이가 60대 정도 된다. 코끼리의 수명은 보통 약 70세 정도로 알려져 있으므로, 60대의 가모장은 인간으로 치면 할머니에 가깝다.

코끼리 집단은 어른 암컷과 그들의 새끼들로 구성된 암컷 중심 사회다. 어떻게 암컷 중심 사회가 발달할 수 있을까? 집단생활을 하는 포유류는 대부분 어른 암컷들과 새끼들로 구성된다. 암컷은 먹이 찾기와 양육을 위해 성장 후에도 태어난 장소나 무리에 남아 있는 경향이 강하다. 이런 현상을 유소성^{philopatry}이라 한다. 반면 수컷은 성장하면 태어난 장소나 무리를 떠나는데, 이것을 분산^{dispersal}이라 한다. 분산은 대부분의 포유동물 집단에서 나타나듯이 다 자란 청소년 수컷이 무리를 떠나는 현상으로 코끼리도 마찬가지다.

코끼리 집단은 혈연으로 맺어진 하나의 커다란 일가다. 암컷들은 모두 할머니, 엄마, 딸, 언니, 동생, 그리고 사촌과 이모 등 가까운 친척이다. 혈연 집단은 가모장과 같은 공통의 조상에서 물려받은 유전자를 서로 공유한다. 만약 가모장의 도움으로 딸이나 조카가 더 잘 번식한다고 가정해보자. 그러면 가모장의 유전자가 딸의 자손이나 조카의 자손을 통해 번성하는 효과가 있다. 이것을 혈연선택이라 한다. 이런 사회적 환경 속에서 암컷은 공동육아를 하거나 먹이를 나누고, 같이 포식자를 방어하는 등 자연스럽게 이타성의 진화로 이어진다. 믿을 수 있는 혈연이 있다면 아프리카의 거친 환경도 두렵지 않다.

육상에서 가장 큰 동물인 코끼리를 위협하는 포식자가 있을까? 딱 한 종이 있는데 바로 사자다. 하지만 아무리 힘이

센 사자라도 웬만큼 자란 코끼리에게는 절대 함부로 덤비지 않고, 보통 4세 이하의 어린 코끼리를 사냥감으로 삼는다. 사자 집단에서 사냥을 주로 담당하는 쪽은 암컷이다. 수컷이 암컷보다 덩치도 두 배 정도 크고 힘도 훨씬 세다. 그런데도 수컷 사자는 사냥꾼으로서의 능력이 그렇게 뛰어난 편이 아니다. 덩치는 크지만 민첩성이 떨어지고, 먹잇감을 추적하는 데에 필요한 지구력도 떨어진다.

그리고 수컷의 상징인 갈기는 위용을 드러내기에는 더할 나위 없이 멋지지만 치렁치렁해서 사냥감의 눈에 쉽게 드러난다는 단점이 있다. 먹잇감을 사냥하기 위해서는 조심히 살금살금 다가가야 하기에 오히려 수컷에 비해 덩치도 작고 갈기가 없는 암컷이 훨씬 유리하다. 사자들 역시 암컷 중심 사회인데, 이들은 무리를 지어 사냥한다. 보통 무리 사냥을 하면 자기 몸 크기보다 훨씬 큰 먹잇감도 사냥할 수 있다.

코끼리들은 일렬로 줄을 서서 이동하다가 사자의 으르렁거리는 소리를 들으면 일순 멈추고 방어 행동에 들어간다. 어린 코끼리들을 가운데 두고 건장한 어른 코끼리들이 사방으로 둘러싸는 밀집 대형bunching을 형성한다. 심지어 일부 코끼리들은 가모장의 명령에 따라 패거리를 형성해 사자 무리

26

로 돌진하기도 한다. 이런 패거리 공격^{mobbing}은 사자들의 공격 의도를 꺾는 데에 아주 중요하다.

이런 일련의 방어 행동은 언뜻 보면 그냥 쉽게 일어나는 것 같지만 사실 여기에는 가모장의 역할이 크고 중요하게 작용한다. 사자의 소리를 감지한 가모장은 그 소리를 통해 위협의 수준이 어느 정도인지를 가늠한다. 사자 암컷 한 마리보다 수컷 한 마리가, 혼자보다 무리가, 작은 무리보다 큰 무리가 공격할 때 코끼리에게 훨씬 더 위협적이다. 가모장은 위협의 정도를 종합적으로 판단해 적절한 대처를 취한다.

재미있게도 가모장의 정확한 판단력은 나이와 관련이 있다는 연구가 있다(McComb et al, 2011). 케냐의 암보셀리 국립공원^{Amboseli National Park}은 58개의 무리로 구성된 코끼리 약 1,500마리가 살고 있다. 이 국립공원은 키가 크고 방랑생활을 하는 마사이족이 거주하는 곳으로도 유명하다. 연구자들은 사자의 으르렁 소리를 녹음해 코끼리 무리에게 들려주었다. 그 결과 가모장의 나이가 많을수록 으르렁거리는 사자의 수를 정확히 구별해 방어 행동을 취했다. 또 암컷 사자와 수컷 사자의 소리도 정확히 구별할 수 있었다. 가모장의 나이가 적으면 실제의 위협보다 과소평가해 방어 행동을 했다. 다시 말해 나이가 많은 가모장이 사자의 위협에 대처해 가장 현명한 결정을 내렸다.

코끼리 무리를 위협하는 존재로는 사자 말고도 낯선 코끼리가 있다. 특히 떠돌이 수컷 코끼리는 덩치도 크고 난폭해서 꽤 위협적이다. 재생 실험을 이용해 근처에 사는 낯선 코끼리의 소리를 가모장에게 들려주었다. 나이가 많은 가모장일수록 낯선 코끼리의 소리를 잘 구별해냈는데, 그전에 마주쳤던 경험이 있기 때문이다(McComb et al, 2001). 그래서 나이가 많은 가모장일수록 공격적이고 위험한 낯선 코끼리를 잘 피해 무리를 인도했다. 코끼리 사회에서 나이는 곧 경험을 의미하며, 나이가 많은 가모장은 그만큼 정확한 판단을 내릴 수 있는데, 이는 곧 무리의 생존과도 직결된다.

가모장의 지휘 아래 암컷 중심 사회를 이루며 살아가는 코끼리 무리(왼쪽)와 어미와 새끼 코끼리(오른쪽) 모습   자료: Clipart.com

경험과 지식으로 무장한
연륜의 리더십

무리생활은 장단점이 있다. 무리에 속해 있으면 포식자 방어가 유리하고, 자원에 대한 정보를 공유할 수 있다. 또 공동육아도 가능하다. 그러나 모든 구성원의 욕구를 동시에 만족시킬 수 없다는 단점이 있다. 그래서 코끼리는 필요에 따라 무리에 속해 있기도 하고, 무리에서 잠시 떨어져 나가 있기도 한다. 이것을 이합집산 사회fission-fusion society라 한다. 그래서 코끼리 무리는 아침 식사 때는 15마리 정도였다가, 오전에는 25마리로, 한낮에는 100마리가 넘어가기도 하고, 오후에는 다시 12마리로 줄어든다.

예를 들어 코끼리 새끼는 어른보다 자주 물을 마셔야 하고 더 부드러운 풀을 먹어야 한다. 그래서 새끼가 있는 엄마 코끼리는 종종 무리에서 떨어져 나와 물을 찾거나 새끼가 먹기에 적당한 부드러운 풀을 찾는다. 먹이가 부족하면 코끼리 무리는 가족 단위로 흩어져 먹이를 찾는다. 또 새끼가 없는 보모 코끼리에게 잠시 새끼를 맡기고 어미는 그 시간 동안 먹이를 찾아 나서기도 한다. 이렇게 코끼리 무리는 아주 유동적이어서 끊임없이 무리의 크기와 구성원이 바뀌는 이합집산 사회를 형성한다.

하지만 어떤 경우에라도 코끼리 무리는 항상 서로를 큰 소리로 부를 수 있는 정도의 거리를 유지한다. 그럼으로써 누군가에게 위험이 닥치면 서로 도움을 요청할 수 있다. 가령 새끼 코끼리가 물을 먹다가 진흙 구덩이에 빠지면 어미 코끼리 혼자 새끼를 구하기가 어렵다. 이때 어미 코끼리는 큰 소리로 주변에 있는 코끼리들에게 도움을 요청한다. 그러면 이 소리를 듣고 가모장이 다른 코끼리들을 몰고 나타나 위험에 빠진 새끼 코끼리를 구해준다.

이합집산 사회는 구성원의 필요에 따라 무리의 크기가 커지기도 하고 줄어들기도 한다. 이것은 곧 코끼리 사회에서 구성원들이 반드시 집단 내에 있어야 할 필요는 없다는 것을 의미한다. 필요에 따라서는 집단에서 잠시 떨어져 나올 수도 있고, 심지어는 영구적으로 떠날 수도 있다. 가모장이 집단 내에 머물 것을 지시하거나 집단을 떠나서는 안 된다고 명령하는 경우는 절대 없다. 집단의 코끼리는 자신의 판단에 따라 이 집단에 머물 것인지, 아니면 떠날 것인지를 스스로 결정할 수 있다.

그런데도 코끼리가 집단을 떠나지 않는 이유는 무엇일까? 그것은 바로 집단 내에서 살아가는 것이 혼자 살아가는 것보다 자신에게 훨씬 더 유리하기 때문이다. 그리고 거기에는 중요한 요인인 가모장이 있다. 케냐의 암보셀리 국립공원에 사는 코끼리 무리를 매년 조사한 결과 나이가 많은 가모장이 이끄는 무리가 훨씬 빠르게 번식했다. 가모장 중에서도 비교적 젊은 할머니 코끼리가 이끄는 무리에 비해 나이가 많은 할머니 코끼리가 이끄는 무리가 더욱 안전하고, 먹이 활동 및 양육도 성공적으로 수행했다. 왜 그럴까?

그것은 바로 가모장만이 가지고 있는 경험에서 비롯된 삶의 지혜 때문이다. 가모장의 나이가 많으면 많을수록 삶에서 체득한 경험과 지혜가 뛰어나 무리를 안전하게 이끌고, 또 먹잇감을 찾는 데에도 탁월하다. 심지어 나이가 많은 가모장은 새끼 코끼리가 아프면 그 코끼리를 약초가 있는 곳으로 안내할 수 있다. 가모장의 뛰어난 능력 중 또 하나는 바로 기억력이다. 몇십 년 전에 만난 코끼리를 기억하는가 하면, 몇십 년 전에 한 번 가본 장소도 기억할 정도다. 이런 기억력 덕분에 코끼리 무리 전체가 몰살될 수도 있는 위기를 모면하게 해준다.

예를 들어 가뭄이 들어 샘이나 하천이 모두 말라버리는 경우가 있다. 생존을 위해서는 마실 물을 찾아야 하는데 이때 가모장은 기억을 더듬어 물이 있던 곳을 생각해낸다. 어릴 적 자신의 할머니(가모장)가 자기를 이끌고 어디론가 가서 땅을 파헤쳤는데 그곳에서 물이 나왔던 기억을 되살려낸다. 가모장은 즉시 그곳으로 무리를 이끌고 가 물을 구함으로써 무리 전체를 갈증의 위기에서 구해낸다. 이렇게 가모장의 놀라운 능력 덕분에 구성원들은 함부로 집단을 떠나지 않는다.

코끼리의 가모장은 무리에서 나이가 가장 많고, 따라서 수십 년간의 대체할 수 없는 경험과 지식을 축적하고 있다. 가모장의 경험과 지식은 배고픈 무리에게 먹이를 찾게 해주고, 포식자의 위협으로부터 무리를 지켜준다. 코끼리 가모장은 절대적인 리더십을 가지고 있지만 절대 군림하지 않는다. 구성원이 맞닥뜨리는 문제들에 대한 현실적인 해결책을 제시함으로써 반드시 필요한 존재, 존경받는 리더로 자리하게 된다.

알파 늑대의 친절한 리더십

알파 늑대의
등장

동물 무리의 리더이자 우두머리는 흔히 알파 수컷이라 불린다. 알파 수컷은 보통 무리에서 신체적으로 가장 크고 강건하다. 알파 수컷의 대표적인 동물로는 늑대를 빼놓을 수 없다. '늑대' 하면 우리는 흔히 동화 속에 등장하는 늑대를 떠올린다. 『양치기 소년』, 『늑대와 아기돼지 삼형제』, 『늑대와 일곱 마리 아기염소』 등 늑대가 등장하는 동화는 아주 많다. 왜 늑대에 대한 동화가 많을까?

늑대는 야생에서 마주치면 두려운 존재이지만 한편으로

는 우리 인류와 아주 친숙한 야생동물이다. 늑대는 북극을 중심으로 유라시아와 북아메리카의 추운 지역에서 주로 발견된다. 그러나 일부는 중앙아시아나 중동의 사막과 같은 더운 지역에서 살아가기도 한다. 늑대의 서식지는 산림, 광활한 초원 또는 관목지대이기 때문에, 유목생활을 하는 인류의 생활공간과 겹친다. 그 결과 늑대는 종종 인간이 키우는 가축을 사냥하는 경우가 있고, 심지어 사람에게 직접적으로 위협을 가하기도 했다. 늑대가 등장하는 동화가 흔한 이유는 유목생활을 하던 인류와 늑대가 서식지를 공유했고, 따라서 자주 맞닥뜨리며 살아왔기 때문이다. 실제로 늑대는 가장 연구가 많이 된 동물이며, 가장 많은 책이 출판된 동물이기도 하다.

늑대의 무리는 인간의 가족 구성과 유사해서 수컷과 암컷, 그리고 새끼들로 집단을 이룬다. 새끼 중에는 조금 성숙한 새끼들도 있고, 이제 갓 태어난 아주 어린 새끼들도 있다. 이 가족을 이끄는 리더인 엄마와 아빠, 즉 번식하는 수컷과 암컷이 바로 알파 수컷alpha male과 알파 암컷alpha female이다. 늑대가 인간과 유사한 또 하나의 특징은 일부일처제라는 점이다. 그래서 아빠와 엄마, 그리고 새끼들로 구성된 약

5~11마리 정도의 개체수가 무리지어 생활한다. 가끔 여러 늑대 가족이 집단을 이루고 생활하기도 하지만 기본적으로는 하나의 가족으로 기능하는 집단이다.

협동 사냥과
최후의 일격

알파 늑대의 존재감은 사냥할 때 잘 드러난다. 포식자는 주로 자신보다 덩치가 작은 동물을 제물로 삼지만, 늑대는 보통 자신보다 훨씬 큰 동물을 사냥한다. 예를 들어 북미에 서식하는 늑대 암컷의 몸무게는 40~50킬로그램 정도이고, 수컷의 몸무게는 54~58킬로그램 정도다. 사람보다도 덩치가 작은 늑대는 몸무게가 225~300킬로그램이나 되는 사슴인 엘크[elk]나 몸무게가 1톤 정도 되는 들소를 사냥하기도 한다. 이렇게 자신보다 덩치가 훨씬 큰 동물을 잡으려면 반드시 무리를 형성해 협동 사냥을 해야 한다.

늑대의 협동 사냥은 구성원 간의 협업을 바탕으로 하는데, 이때 알파 수컷이 사냥의 모든 것을 지휘한다. 먼저 늑대 무리는 흩어져서 뚜렷한 목표 없이 엘크를 쫓기 시작한다. 보통 우리가 축구를 할 때 레프트윙, 라이트윙, 센터 등으로 나누어 하나의 대형을 형성하는 것처럼 늑대 무리 역시 대형을 형성한다. 대형을 형성한 늑대 무리는 서로 긴밀하게 의사소통을 하면서 사냥감으로 적당한 취약한 엘크를 찾는다.

목표물을 발견하면 암컷이나 몸집이 작은 수컷들이 앞서 추격한다. 젊은 수컷은 달아나는 엘크의 뒷다리를 물어 속도를 늦추는데 그들의 역할은 보통 여기까지다. 젊은 수컷들은 아직 먹잇감을 효율적으로 죽이는 방법을 모르기 때문이다. 이때 알파 수컷이 뒤에서 나타나 엘크의 목을 물어뜯는다. 먹잇감의 숨을 끊어놓아 사냥을 성공시키는 결정적인 역할은 결국 알파 수컷의 몫이다.

성공적인 사냥은 무리의 모든 구성원이 긴밀히 협력하고 일사불란하게 움직일 때 가능하다(Mech, 1999). 알파 수컷은 몸짓과 소리로 의사소통을 하면서 모든 구성원이 사냥에 기여할 수 있도록 한다. 알파 수컷은 성공적인 사냥에 결정적으로 기여했음에도 불구하고 사냥감을 먼저 차지하지 않는다. 우선 가족들을 배불리 먹게 하고, 그러는 동안 자신은 지친 몸을 추스르며 잠을 잔다. 알파 수컷의 이런 배려심은 자신이 무리를 항상 통제하고 있다는 사실을 상징적으로 보여준다. 알파 수컷은 그 존재 자체만으로도 전체 구성원에게 안정감을 준다.

강하지만
친절한 리더십

야생에서 늑대는 인간에 의해 가장 많이 희생된다. 늑대가 사망하는 또 다른 이유는 다른 늑대들과의 영역 싸움이다. 늑대들은 대체로 싸우다가 죽는다고 할 만큼 다른 늑대 무리와 자주 싸운다. 그래서 늑대 무리는 매일 영역의 일부를 순찰하면서 오줌을 누거나 울부짖음으로써 영역을 표시한다. 자신들의 영역을 침범하는 늑대가 있을 때는 죽이거나 내쫓는다. 가끔 서로 다른 무리가 마주치면 무리의 생존이 달린 싸움으로 이어지기도 한다. 알파 수컷의 존재가 중요해지는 또 다른 순간이 바로 이 영역 싸움이 벌어졌을 때다.

늑대의 영역 싸움은 인간의 종족 전쟁과 비슷하다. 상대방 무리의 모든 구성원을 공격하기보다는 상대방의 알파 수컷을 제거하면 쉽게 전쟁에서 승리할 수 있다. 그래서 늑대들은 흔히 경쟁 무리의 알파 수컷을 표적으로 삼아 쫓아내거나 죽이려고 한다. 강건하고 노련한 알파 수컷은 자신에게 달려드는 상대편 늑대들을 제압하고, 상대편의 알파 수컷을 무너뜨려야 한다. 알파 수컷이 무너지면 그를 따르는 구성원은 전의를 잃고 흩어져버린다. 이렇게 영역 싸움을 성공적으로 이끌 때 늑대 무리의 영역이 안정적으로 유지되고, 또 그런 영역이 있어야만 늑대 무리가 번성할 수 있다.

알파 수컷은 사냥이나 영역 싸움을 할 때는 무시무시하지만 자기 가족 구성원에게는 매우 자상한 면도 동시에 가지고 있다(사피나, 2017). 새끼들에 대한 섬세한 배려가 무리의 번성과 직결되어 있다는 것을 잘 알고 있기 때문이다. 전쟁에서는 누구도 상대하고 싶지 않을 만큼 위협적인 존재이지만 어린 새끼들 앞에서는 한없이 살갑다. 사냥한 먹잇감을 어른들이 독차지하려고 하면 알파 수컷은 그들을 먹이에서 멀어지도록 일침을 놓음으로써 어린 새끼들이 먼저 먹이를 먹도록 한다. 그뿐만 아니라 어린 새끼들이 놀이를 할 때면 아주 참을성 있게 그들을 상대해준다. 어린 새끼가 덤비면 알파 수컷은 드러누워 발을 공중으로 치켜드는데 그러면 새끼는 의기양양해져 꼬리를 흔들며 그 위로 올라간다. 어린 새끼에게 상대방을 쓰러뜨렸을 때 갖게 되는 자신감을 심어주기 위한 행동이다.

이렇게 알파 수컷이 어린 새끼들과 함께 놀아주는 행위는 가족을 위한 최대의 헌신이자 봉사라고 할 수 있다. 사람도 그렇듯이 늑대에게도 놀이는 어린 새끼의 성격을 형성하고, 또 앞으로 어떻게 살아가야 하는지를 결정하는 데에 아주 중요한 역할을 한다. 어렸을 때 맛본 이런 아주 작은 성취감들이 쌓이다 보면 사냥을 잘하는 훌륭한 늑대로 성장할 수 있기 때문이다.

알파 수컷의 이런 섬세한 배려는 구성원 모두가 잘 먹고, 건강하게 함으로써 결국 무리를 번성하게 하는 원동력이 된다. 무리가 커지면 사냥을 하거나 영역을 유지하는 데에 훨씬 유리해진다. 알파 수컷은 자신이 구성원 위에 군림하기보다 구성원에게 헌신하는 것이 곧 리더의 성공과 직결되어 있다는 것을 잘 알고 있다.

4

여왕벌의 통 큰 리더십

불공평하지만
가장 성공적인 사회

동물과 인간을 통틀어 가장 절대적인 리더가 존재하는 사회
는 어디일까? 그 사회의 리더는 어떻게 수만에 달하는 구성
원을 통제하고 관리할까? 그리고 리더는 어떻게 그들로부
터 전폭적인 충성을 끌어낼 수 있을까? 이런 질문을 생각해
보았다면 반드시 벌목Hymenoptera의 곤충인 꿀벌이나 개미 사
회를 들여다보아야 한다. 사회의 크기나 구성원의 다양한
역할을 고려해보면 벌목 사회는 인간 사회와 견줘볼 만하
다. 여왕벌이나 여왕개미는 작게는 수천에서, 많게는 수만

자연에서 가장 성공적인 꿀벌 사회. 가운데 배가 긴 벌이 여왕벌이고 나머지는 일벌이다.

에 이르는 무리의 절대적인 리더로 군림한다. 게다가 한 마리의 여왕벌이나 여왕개미는 집단의 모든 번식 이익을 독점한다. 불공평하면서도 동시에 가장 성공적인 벌목 사회는 사회의 유지와 번성에 여러 가지 길이 있음을 보여준다.

꿀벌 사회의 리더는 당연히 여왕벌이다. 꿀벌 사회의 구성원은 크게 여왕벌, 일벌, 수벌로 이루어지는데 이 중에서 여왕벌과 일벌은 암컷이고, 수벌은 수컷이다. 여왕벌은 다른 벌에 비해 배가 아주 긴 특징이 있으며 무리 중 단 한 마리뿐이다. 이에 비해 일벌은 무리의 대부분을 차지한다. 수벌은 번식기에만 생산되며, 비번식기에는 존재하지 않는다. 여왕벌은 코끼리 사회의 가모장처럼 구성원 하나하나의 문제점을 모두 해결해주지 못한다. 마찬가지로 늑대 사회의 알파 수컷처럼 사냥하거나 적으로부터 벌집을 방어하지도 않는다. 그러면 수많은 구성원을 통제해 사회가 유기적으로 잘 돌아가게 하는 여왕벌만의 리더십 비밀은 무엇일까?

여왕벌의 최고 리더십은
무리를 키우는 능력

여왕벌은 탄생부터 아주 특별하다. 먼저 기존 여왕벌이 사라지거나 나이가 들어 알을 생산하기 어려우면 일벌들은 벌집의 아래쪽 귀퉁이에 '왕대'라는 여왕벌을 키울 수 있는 방을 만든다. 일벌에 비해 몸집이 두 배 정도 큰 여왕벌의 유충을 길러내는 왕대는 다른 방보다 더 크다. 그런 다음 일벌들은 낳은 지 3일 이내의 알을 왕대로 옮겨놓는다. 왕대에 있는 알 또는 유충은 단백질이 풍부한 로열젤리^{royal jelly}라는 특별한 음식을 먹고 자란다. 일벌들은 보통 여러 개의 왕대에 알을 낳고 여기서 자란 벌 중 한 마리가 장래에 여왕벌이 될 수 있다. 그러므로 왕대에서 자란다고 해서 반드시 여왕벌이 되는 것은 아니다.

왕대에서 태어난 벌이 여왕벌이 되기 위해서는 제일 먼저 친자매이자 경쟁자를 제거해야 한다. 먼저 태어난 후보 여왕벌은 아직 왕대에 있는 다른 유충이나 번데기를 침으로 쏴서 죽인다. 만약 거의 동시에 후보 여왕벌이 태어나면 이 둘은 어느 한쪽이 죽을 때까지 싸운다. 이렇게 경쟁자를 모두 제거한 처녀 여왕벌은 처음으로 벌통 밖으로 나선다. '처녀비행'이라 불리는 이 비행에서 여왕벌은 보통 여러 마리의 수벌과 교미를 하고, 정자를 '저정낭'이라는 신체 기관에 보관해둔다.

처녀비행에서 돌아온 여왕벌은 드디어 일벌들의 공식적인 리더로 군림할 수 있게 된다. 한번 여왕벌이 되면 일벌들의 극진한 보호를 받기 때문에 다른 어떤 벌보다도 안전하게 오래 살 수 있다. 그래서 왕대에서 태어나는 벌들과의 목숨을 건 경쟁, 그리고 이어지는 처녀비행은 여왕벌의 일생에서 최대의 위기인 동시에 도전이다.

번성하는 꿀벌 사회는 왕성하게 활동하는 일벌의 수에 달려 있다. 한창 꽃이 펴서 들판에 꽃꿀과 화분이 풍부하면 이 먹이를 벌집으로 가져올 일벌이 필요하다. 이때 여왕벌이 충분한 수의 일벌을 공급해주지 못하면 그 무리는 먹이 확보가 어려워져 번성하기가 힘들다. 따라서 여왕벌의 가장 중요한 임무는 무리에 필요한 이 일벌을 충분히 생산하는 일이다. 봄철에 한창 무리를 키울 때 여왕벌은 하루에 1,500개 이상의 알을 낳을 수 있다. 이 정도의 알은 여왕벌의 몸무게보다 더 많이 나간다. 그래서 늘 시녀 일벌들이 여왕벌의 주변을 둘러싸고 있으면서 여왕벌에게 먹이를 날라다주고, 생산한 알을 운송하며, 배설물을 처리한다. 여왕벌이 항상 이렇게 많은 알을 낳는 것은 아니다. 그렇지만 필요한 때에 충분한 인력을 제공하는 일은 여왕벌의 가장 중요한 리더십이며 번성하는 꿀벌 사회의 바탕이다.

여왕벌이 낳는 알은 대부분 암컷인 일벌이 되지만 일부 알은 수컷이 되기도 한다. 수벌은 다른 벌집에 있는 여왕벌이 처녀비행을 할 때 교미를 시도할 수 있다. 만약 수벌이 교미에 성공하면 수벌을 생산한 여왕벌의 무리는 엄청난 번식성공도를 기대할 수 있다. 교미를 한 여왕벌이 수컷의 유전자를 이용해 그 무리의 많은 일벌과 미래의 여왕벌을 생산할 수 있기 때문이다. 따라서 여왕벌의 처지에서 보면 꿀벌 무리가 먹고, 살고, 포식자를 방어하려면 일벌을 생산해야 한다. 그렇지만 비록 가능성이 낮더라도 성공하면 크게 이익을 볼 수 있는 투자를 하기 위해서는 수벌을 생산해야 한다. 이렇게 두 마리 토끼를 다 잡기 위해 여왕벌은 아주 독특한 방법으로 일벌과 수벌을 구별해 낳는다.

여왕벌이 일벌을 생산하고 싶으면 알을 낳을 때마다 저정낭에 보관된 정자를 사용하면 된다. 하지만 여왕벌이 수벌을 생산하고 싶으면 정자를 사용하지 않고 그냥 알만 낳으면 된다. 그래서 수벌은 여왕벌에게서 물려받은 유전자 한 벌만 소유한다. 여왕벌이나 일벌, 그리고 사람을 포함해 유성생식을 하는 생명체 대부분은 유전자 두 벌을 보유하고 있다. 그럼 왜 여왕벌은 수벌에게 유전자 한 벌만 물려줄까?

여왕벌의 재위 기간은 저정낭에 있는 정자의 수와 상응한다. 저정낭에 정자가 남아 있지 않으면 여왕벌의 수명은 다한 것이다. 그러므로 여왕벌은 필요할 때만 정자를 사용하고, 무리의 생존에 크게 영향을 주지 않는 수벌을 생산할 때는 정자를 주는 데에 인색할 수밖에 없다. 그래서 여왕벌은 소중한 정자를 아끼고, 적절한 시기에 투자하기 위해 번식기 때만 수벌을 생산한다. 그래서 번식기에는 한 벌집에 수백 마리의 수벌이 있을 수 있지만, 번식기가 지나면 수벌의 수는 0이다. 보통 저장된 먹이로 연명해야 하는 겨울이 오면 일벌들은 필요 없는 수벌들을 벌집에서 내쫓는다. 여왕벌은 일벌을 생산해 무리가 잘 작동하게 하고, 수벌을 생산해 번식성공도를 극대화한다.

구성원의 이익과 조직의 이익을
일치시키는 리더십

꿀벌 사회의 바탕은 분업이다. 분업은 생산의 모든 과정을 여러 부분으로 나눠 진행함으로써 각자의 전문성을 발휘할 수 있다. 꿀벌 사회에서는 살림살이, 방어, 먹이 조달뿐만 아니라 심지어 번식할 때도 분업이 이루어진다. 여왕벌과 수벌은 번식에 참여하지만, 일벌은 번식할 기회가 거의 없다. 여왕벌만 꿀벌 사회의 번식을 독점하고, 모든 일벌은 번식에 참여하지 않는 현상을 번식 분업reproductive division of labor이라 한다. 번식 분업은 꿀벌 사회의 조직을 유지하고, 여왕벌의 리더십을 발휘하는 데에 아주 중요한 근간이 된다.

일벌은 평생 일만 하고 번식은 전혀 못한다니, 얼핏 생각하면 꽤 불공평한 사회다. 우리가 살아가는 사회에서 이런 일이 벌어진다면 어떻게 될까? 파업하든지, 여왕벌을 찾아가 거세게 항의라도 할 것이다. 심지어 불공평한 사회에 더 이상 살 수 없다며 무리를 영영 떠나버릴 수도 있다. 벌목의 진화 역사를 보면, 실제로 꿀벌처럼 대규모 사회를 유지하다가 다시 단독으로 돌아가 생활하는 벌이 있기도 하다. 그런 면에서 본다면 여왕벌은 어떻게 이런 불공평한 사회를 안정적으로 유지할 수 있을까? 이것이 바로 여왕벌이 하는 두 번째 중요한 일이다.

여왕벌이 무리 전체를 통제하는 방법은 아주 간단하다. 꿀벌 사회는 분업화와 자율적인 의사결정 구조로 작동하기 때문에 여왕벌의 지시와 통제가 거의 필요 없다. 일벌들은 무리의 필요에 따라 각자가 해야 할 일을 스스로 결정한다. 꿀벌 사회에서 일벌들의 담당 업무는 나이에 따라 결정된다.

처음 성충이 되면 상대적으로 안전한 벌통 내부의 일을 책임진다. 일벌들은 벌통 청소와 같은 일로 시작해 로열젤리를 생산하고, 유충이나 여왕벌의 시중을 들며, 밀랍을 생산해 벌집 내부를 수리한다. 여기서 좀 더 나이를 먹으면 일벌들은 벌집 내부에서 꽃꿀을 가공해 꿀을 생산한다. 이런 경험을 쌓은 일벌들은 벌통 외부의 일을 담당하는 것으로 임무가 바뀐다. 벌통 외부의 일은 위험하기도 하고 길을 잃기도 쉽다. 그래서 벌통 외부의 일은 꿀벌 무리 중 나이가 많고, 따라서 경험이 풍부한 일벌들이 담당한다.

그렇다면 여왕벌은 알을 낳기만 하는 기계일까? 여왕벌의 중요성은 여왕벌이 무리에서 사라지면 금방 알 수 있다. 꿀벌 무리에서 여왕벌을 제거하면 일벌들은 불안해하면서 제대로 일을 수행하지 않는다. 일벌들은 심지어 스스로 알을 낳을 수도 있다. 하지만 일벌은 정자가 없으므로 이들이 낳는 알은 전부 수벌이 된다. 그러므로 일벌들은 아무리 알을 많이 낳아도 꿀벌 무리에 필요한 노동력을 제공할 수 없다. 또 일벌이 알을 낳으면 무리를 위해 일하지 않고 자신의 알을 돌보려고만 한다. 그래서 꿀벌 무리에 여왕벌이 존재하지 않으면 일벌들이 이기적으로 변해 무리는 금방 와해되고 만다.

일벌들이 각자의 알을 낳지 않고 무리를 위해 일하게 만드는 요인은 여왕 페로몬Queen mandibular pheromone이라는 화합물질이다. 여왕벌이 여왕 페로몬을 분비하면 먼저 시중을 드는 일벌들에게 전해지고, 이어서 무리의 모든 일벌에게도 전달된다. 여왕 페로몬이 일벌의 체내에 들어가면 난소의 발달을 저해하게 된다. 그러면 일벌들은 스스로 알을 낳으려 하지 않고 무리를 위해 일만 하게 된다. 여왕벌의 존재는 여왕 페로몬을 통해 무리의 일벌들이 딴짓하지 않고 무리를 위해 일하도록 한다. 이것이 바로 여왕벌의 두 번째 중요한 리더십이다.

꿀벌 사회는 분업화가 잘 이루어진 고도로 발달한 조직이다. 여왕벌은 이 꿀벌 사회의 정점에서 무리의 번성과 안녕을 책임진다. 그러나 꿀벌 사회와 같은 대규모 조직은 한 개인이 모든 일을 결정하기 어렵다. 꿀벌 사회는 분업을 통해 무리가 필요로 하는 모든 일을 수행하고, 일벌들은 자율적으로 상황에 맞는 의사결정을 내린다. 여왕벌은 꿀벌 사회의 밑바탕이 되는 필요한 인력을 제공함으로써 무리가 번성할 수 있도록 한다. 그러나 일벌들은 틈이 보이면 사적인 이익을 취하려 한다. 여왕벌은 강력한 규율인 여왕 페로몬을 통해 구성원들이 각자의 이익을 위해 일하기보다 본연의 일을 성실히 수행하도록 통제한다.

조직마다 그 규모와 구성원, 성장 단계가 서로 다르고, 이에 따라 리더십의 스타일도 달라야 한다. 여왕벌은 대규모이고 체계적이며 고도로 분업화된 조직을 이끄는 리더다. 이런 조직에서 여왕벌의 리더십은 딱 두 가지다. 첫째는 많은 수의 알을 생산해 조직을 키울 수 있는 능력이고, 둘째는 여왕 페로몬을 생산해 구성원의 노력이 조직의 목표로 일치하게끔 통제하는 능력이다. 다시 말해 구성원의 이익과 조직의 이익을 일치시키는 능력이다. 여왕벌이 하는 일은 딱이 두 가지이지만 이 일은 무리를 유지하는 데에 없어서는 안 될 가장 중요한 리더십이다.

5

침팬지, 유대와 동맹의 리더십

침팬지는 왜 털 고르기에
집착할까

침팬지 사회는 앞서 살펴본 코끼리, 늑대, 꿀벌 사회와 비교해 중요한 차이점이 있다. 코끼리나 늑대, 꿀벌 사회는 주로 가족과 친척으로 구성되어 있어서 혈연적으로 가까운 집단이다. 혈연 집단은 서로 유전자를 공유하고 있으므로 혈연 선택으로 인한 협력과 이타성이 쉽게 진화할 수 있다. 코끼리 가모장의 입장에서 보면 무리의 구성원은 모두 자식이거나 손주들이다. 이런 사회에서 코끼리 가모장은 구성원들을 위해 이타성을 발휘할 충분한 이유가 있다. 늑대와 꿀벌 사회도 마찬가지다.

그런데 우리 인간 사회는 혈연으로 연결된 구성원도 있지만 구성원의 대부분은 서로 피 한 방울 섞이지 않은 개인들이다. 우리 인간 사회와 마찬가지로 혈연과 비혈연 개인으로 구성된 침팬지 사회를 보면 인간 사회와 유사한 비혈연 집단을 이끄는 리더십에 대한 통찰력을 얻을 수 있다.

침팬지 무리는 옹기종기 모여 휴식을 취하는 경우가 많은데, 자세히 들여다보면 털 고르기grooming를 하고 있다. 털 고르기를 받는 침팬지는 편하게 누워 있고, 털 고르기를 하는 침팬지는 받는 침팬지의 털을 세세히 훑으며 먼지나 외부 기생자를 제거한다. 야생에서 사는 동물 대부분은 항상 진드기와 같은 외부 기생자에 시달리며, 심할 경우 병에 걸리거나 죽기도 한다. 그러므로 털 고르기를 통해 외부 기생자를 제거하는 행동은 건강을 유지하는 데에 아주 중요하다.

침팬지들은 한번 털 고르기를 시작하면 시간 가는 줄을 모른다. 한쪽의 털 고르기가 끝나면 순서를 바꾸는데, 침팬지의 털 고르기는 정글에서 살아남기 위해 항상 경계심을 유지해야 하는 이들에게 유일하게 스트레스를 날려버리는 시간이기도 하다. 또한 취약한 상태로 털 고르기를 받기 때문에 서로 털 고르기를 주고받는 침팬지들은 아주 친밀한 관계다. 보통 서로 털 고르기를 하는 침팬지들은 엄마와 새끼이거나 가까운 친척관계일 수 있지만 종종 남남일 때도 있다. 그것은 상대방을 신뢰할 때 가능하다. 우리 식으로 말하면 서로 '절친'이라고 믿는 관계다. 그래서 털 고르기가 이루어지는 개인과 개인은 유대관계가 굉장히 깊게 형성되어 있다. 털 고르기를 통해 맺은 이런 유대관계는 특히 수컷에게 중요하다. 침팬지 수컷은 털 고르기를 통해 동맹을 형성함으로써 생존의 위협에서 벗어날 수 있고, 심지어 무리의 리더인 알파 수컷이 되기도 한다.

탄자니아에 서식하던 수컷 침팬지 피무와 프리무스의 이야기를 한번 살펴보자. 피무는 2007년부터 무리의 리더인 알파 수컷으로 활약했다. 그는 힘을 통해 알파 수컷이 되었고, 그 이후에도 철혈 통치로 그 지위를 유지해왔다. 알파 수컷은 자신의 지위를 확인하기 위해 종종 이유 없이 구성원들을 핍박하고 폭력을 행사하는 경우가 있다. 그래서 사실 구성원들은 폭력적인 피무를 그다지 달가워하지 않았다.

2011년 어느 날, 그날 역시 피무는 무리의 2인자인 수컷 프리무스를 무차별적으로 공격했다. 피무의 행패를 더 이상

참지 못한 프리무스는 평소 털 고르기를 같이 하던 절친들에게 도움을 요청했고, 수컷 침팬지 세 마리가 합세했다. 그렇게 해서 동맹을 맺은 네 마리의 수컷이 피무를 공격해 죽이고, 프리무스가 알파 수컷으로 등극했다. 보통의 경우라면 2인자인 프리무스가 피무를 힘으로 이기고 알파 수컷이 되기란 쉽지 않다. 프리무스가 알파 수컷이 될 수 있었던 이유는 평소 털 고르기를 통해 끈끈한 유대관계를 맺고 있던 친구들과 동맹을 형성했기에 가능한 일이었다. 이렇게 수컷 간의 동맹은 신체적으로 우월한 경쟁자를 물리치고 알파 수컷의 지위에 오르게 하는 길을 열어주기도 한다.

알파 수컷이 되는
3가지 전략

침팬지 사회에서 알파 수컷이 되는 전략은 크게 세 가지다. 첫 번째는 신체적으로 우월한 능력을 갖추고 있을 때다. 이 경우 다른 도전자를 힘으로 제압하고 무리의 알파 수컷이 될 수 있다. 우월한 전략으로 권좌에 오르는 수컷은 주로 신체적으로 크고, 강건하거나 뛰어난 싸움 능력을 가지고 있는 경우다. 신체적 우월은 알파 수컷이 되는 가장 흔한 방법이다. 신체가 우월한 알파 수컷은 자신의 지위를 강조하기 위해 종종 암컷이나 젊은 수컷을 위협하곤 한다. 그러나 위협을 일삼는 보스를 좋아하는 동물은 그 어느 사회에도 없다. 그래서 피무처럼 구성원을 위협하는 알파 수컷은 종종 신체적으로 열세하지만 동맹을 맺은 수컷들로부터 쫓겨나거나 죽임을 당하기도 한다.

알파 수컷이 되는 두 번째 방법은 지능, 즉 뛰어난 지략으로 경쟁자를 압도하는 전략이다. 제인 구달 박사가 탄자니아에 있는 곰베 국립공원에서 침팬지 무리를 연구할 때다. 이 무리의 알파 수컷은 거대한 골리앗인데, 골리앗은 신체적인 우위를 바탕으로 다른 침팬지를 위협했다. 이에 비해 마이크는 골리앗보다 훨씬 작고, 우위 서열도 아주 낮았다. 그래서 마이크는 종종 놀림의 대상이 되었고, 다른 수컷들이 밥을 다 먹은 후에야 음식에 접근할 수 있을 정도였다.

어느 날 마이크는 연구자들이 캠핑하는 장소로 와서 캔으로 된 빈 석유통 두 개를 가져갔다. 그리고는 석유통을 굴리고 발로 차기 시작했다. 그러다가 마이크는 소리를 지르고 석유통을 발로 차며 다른 침팬지들에게 돌진했고, 그들은 기겁하며 달아났다. 잠시 후 마이크는 운명적인 결정을 내렸다. 무리의 알파 수컷인 골리앗을 향해 소리를 지르고 석유통을 차며 돌진했다. 그러자 골리앗도 다른 침팬지들처럼 도망쳐버렸다. 결국 무리의 수컷들뿐 아니라 골리앗마저 마이크에게 다가가 손을 내밀며 복종의 표시를 했다.

신체적으로 열세한 수컷들은 돌이나 나뭇가지를 이용해 위협적인 행동을 하기도 한다. 하지만 마이크처럼 빈 석유통을 이용해 큰 소음을 만들어 그것으로 상대방을 위협하는 경우는 누구도 생각하지 못한 일이었다. 지략을 통해 마이크는 보잘 것 없는 존재에서 단숨에 알파 수컷의 자리를 차지하게 되었다.

알파 수컷이 되는 세 번째 방법은 동맹을 이용한 전략이다. 이 전략은 신체적 우월이나 지능과 달리 나를 도와줄 다른 개인이 필요하다. 동맹을 이용하면 신체적으로 열세하거나 온화한 성격을 가지고 있는 침팬지도 얼마든지 알파 수컷이 될 수 있다. 동맹관계는 털 고르기처럼 일상에서 일어나는 일들 가운데 서로 도움을 주고받을 때 쉽게 형성된다. 무엇보다도 일회성인 선심 정치보다 지속적으로 도움을 주고받아야 동맹을 유지할 수 있다.

리더의 자리를 지켜주는
동맹의 힘

알파 수컷이 되어 한 무리의 리더가 되는 것도 중요하지만 사실 그보다 더 중요한 것은 그 지위를 유지하는 기간이다. 알파 수컷의 자리에 오르는 방법은 우월, 지능, 동맹 세 가지이지만 그 지위를 유지하는 방법은 동맹이 핵심이다. 힘에만 의지하는 알파 수컷의 재위 기간은 기껏해야 2년 정도이지만, 동맹을 잘 유지하는 알파 수컷의 재위 기간은 무려 평균 10년이나 된다. 실제로 대부분의 침팬지는 세 가지 전략을 적절하게 이용해 알파 수컷의 지위를 유지한다. 신체적으로 강건한 수컷은 우월한 전략에 좀 더 치중하고, 그렇지 못한 수컷은 동맹을 중요시한다. 신체적 우월을 바탕으로 위협을 일삼는 알파 수컷은 반발을 부르고, 결국 반대 동맹을 결성하게 만들어 지위가 불안해진다. 그래서 위협은 아주 가끔 특별한 상황에서만 사용해야 한다.

침팬지는 진화적으로 우리 인간과 가장 가까운 존재다. 침팬지와 인간의 유사성은 단지 모습과 행동에 그치지 않는다. 그들의 사회는 다른 어떤 동물 사회보다 인간 사회와 비슷하다. 침팬지 사회에서 리더가 되고 리더의 자리를 유지하는 방법 또한 인간 사회와 비슷하다. 오늘날 정글과 같은 세상에서 생존하고, 정상에 오르고, 또 그 지위를 유지하기 위해서는 침팬지 알파 수컷처럼 '동맹'을 빼놓고는 생각할 수 없다.

왜 리더가 필요할까

지금까지 코끼리, 늑대, 꿀벌, 침팬지의 리더십을 살펴보았다. 무리의 크기, 구성원의 혈연 구조, 그리고 사회적 기술에 따라 리더십의 스타일도 모두 달랐다. 반드시 힘을 통해서만 리더가 되는 것도 아니다. 동맹 같은 사회적 기술을 통해서도 얼마든지 리더가 될 수 있다. 리더십의 스타일이 다양한 이유는 동물 사회가 그만큼 다양하기 때문이다. 어느 한 리더십 스타일이 모든 동물 사회에 적합하지는 않다. 이 사실은 그대로 인간 사회에도 적용된다.

인간 사회는 그 어떤 동물 사회보다 복잡하다. 마치 러시아 인형 마트료시카처럼 다층 구조를 하고 있는데, 가족과 같은 작은 집단에서부터 학교나 회사 내의 집단, 공동체 내의 집단, 지방자치단체나 국가와 같은 집단까지 한 개인이 동시에 여러 집단에 속해 있다. 어떤 집단은 군대와 같이 엄격한 규율이 존재하지만, 사교 모임처럼 느슨한 집단도 있다. 따라서 어느 하나의 리더십 스타일이 모든 사회에서 잘 작동하는 것은 아니다. 사회의 성격에 따른 리더십의 스타일도 달라져야 한다. 다양한 동물의 리더십과 그 리더십이 잘 작동하는 사회 환경에 대한 이해는 결국 복잡다단한 인간 사회에 따른 최적의 리더십을 찾는 방법이기도 하다.

여기서 우리는 이런 질문을 해볼 수 있다. 왜 리더가 필요한가? 동물 사회에서 리더가 있는 사회와 없는 사회를 비교해보면 거의 예외 없이 리더가 있는 사회가 없는 사회보다 더 성공적이다. 경험이 풍부하고 지혜 많은 리더가 있는 코끼리 무리나 동맹관계를 잘 유지하는 리더가 있는 침팬지 무리처럼 훌륭한 리더가 이끄는 사회는 번성한다. 그리고 능력이 좀 부족한 리더가 이끄는 사회라도 리더 없이 무정부적인 군중의 집단에 속해 있는 것보다는 훨씬 낫다.

── 더 알아보기: 혈연선택 ──

본문에서 코끼리 가모장이 무리의 구성원을 돕는 행동이나 야생 칠면조의 팔로워가 리더를 위해 희생하는 행동(2부 7장 리더십과 팔로워십의 진화)을 '이타주의'라고 한다. 이타 행동은 코끼리 무리처럼 혈연 집단에서 흔하게 나타나지만, 항상 혈연 집단에서만 나타나는 것은 아니다.

돌고래는 아프거나 다친 다른 돌고래가 숨을 쉴 수 있도록 등으로 떠받친 채로 몇 시간이고 유영한다. 심지어 물에 빠져 허우적대는 선원을 돌고래가 부축해 살려주었다는 기록도 있다. 보노보가 다치거나 불구인 개인에게 도움을 주는 것도 목격되었다. 아프리카들소는 동료가 사자의 위협에 노출되었을 경우 종종 위험을 무릅쓰고 구출한다. 동물들 사이의 이타 행동은 광범위하게 퍼져 있지만 이에 대한 진화적인 이해는 여러 난관을 거쳐야만 했다.

찰스 다윈이 『종의 기원』을 출판했을 때 인간의 기원이나 진화의 가능성에 대해 많은 논쟁이 벌어졌다. 그렇지만 찰스 다윈이 가장 우려했던 것으로 "자연선택에 의한 진화" 이론의 결정적인 취약점은 벌이나 흰개미에서 나타나는 이타 행동이었다.

진화에 대해 가장 잘 설명한 책으로 뽑히는 리처드 도킨스의 『이기적 유전자』가 드러내듯이 자연선택에 의한 진화는 한마디로 이기적이다.

생존과 번식에 도움을 주는 형질은 그 형질을 지닌 개인의 자손이 다음 세대에도 번성할 수 있게 한다. 그러면 그 형질도 따라서 번성하고, 집단에 많이 퍼지게 된다. 이에 비해 이타주의를 실행하는 개인은 자신을 희생해 남의 생존과 번식에 도움을 준다. 이때 이타주의를 발현하는 유전자도 이타주의를 실행하는 개인과 같이 희생된다. 따라서 이타주의 유전자가 다음 세대에 번성하기 어렵다. 그러므로 이기적인 자연선택 원리로 이타주의를 설명하는 것은 어려운 일이었다.

이타주의의 진화를 설명하는 혁신적인 이론은 1964년 윌리엄 해밀턴이 제안한 혈연선택kin selection이다. 이 이론에 따르면 이타 행동을 하는 개인과 그 이타 행동으로 혜택을 받는 개인이 혈연관계일 때 이타주의의 진화가 가능하다(Hamilton, 1964). 혈연끼리는 공통 조상을 가지고 있기 때문에 많은 유전자를 공유한다. 예를 들어 나와 나의 동생, 그리고 누나 혹은 오빠는 부모라는 공통 조상을 공유하고 있으므로 생김새나 행동이 많이 비슷하다.

보통 우리는 나와 유전자를 공유하는 개인을 차별적으로 대한다. 만약 친동생과 잘 모르는 사람이 동시에 물에 빠져 도움을 요청한다고 가정해보자. 거의 모든 사람이 분명 잘 모르는 사람보다 친동생을 먼저 도와주려고 할 것이다. 현대 진화 이론의 종합에 지대한 공헌을 한 진화생물학자 홀데인J.B.S. Halldane은 이렇게 말했다. "만약 내가 두 명의 내 형제를 구할 수 있다면 내가 희생되더라도 물에 뛰어 들겠다. 마찬가지로 내가 여덟 명의 사촌을 구할 수 있다면 물에 뛰어 들겠다." 나와 나의 친형제는 유전적으로 2분의 1이 같고, 나와 사촌은 유전적으로 8분의 1이 같다. 친형제 두 명이나 사촌 여덟 명이면 나와 유전적으로 동등하다. 그러므로 친형제 두 명이나 사촌 여덟 명을 위험에서 구하는 일은 유전적으로 나를 구하는 일과 동등하다. 비록 내가 희생하더라도 많은 혈연을 살릴 수 있다면 나의 유전자를 번성시키는 효과를 얻는다.

지금 설명한 이론을 수식으로 표현한 것이 해밀턴의 규칙Hamilton's rule이다. 여기서 이타적인 행동을 하는 행위자가 있고, 이 행위자의 이타 행동으로 이익을 보는 수혜자가 있다. 그리고 행위자와 수혜자는 혈연 관계이다. 해밀턴은 이타성이 진화할 수 있는 혈연선택의 규칙을 다음과 같은 공식으로 설명했다.

$$rB > C$$

r: 근연도genetic relatedness

B: 수혜자가 얻는 이익

C: 행위자가 치르는 비용

행위자는 C라는 비용을 치르면서 수혜자에게 이타 행동을 하고, 수혜자는 그 이타 행동 때문에 B만큼 이익을 더 본다. 여기서 r은 근연도로 유전적으로 가까운 정도를 말한다. 예를 들어 나와 나의 자매는 전체 유전자의 반을 공유하므로 근연도가 2분의 1이고, 나와 조카는 전체 유전자의 4분의 1을 공유한다. 만약 근연도가 1이면 바로 나와 유전자가 꼭 같은 일란성 쌍둥이라 하겠다.

해밀턴의 규칙은 수혜자가 이타 행동에서 얻는 이익에 근연도를 곱한 값이 행위자가 이타 행동을 하는 비용보다 많으면 이타 행동이 진화할 수 있음을 의미한다. 코끼리 가모장의 경우 무리에 있는 자손이 모두 혈연으로 연결되어 있기 때문에 이타 행동을 통해 얻을 수 있는 이익(rB)이 자신이 희생함으로써 치르는 비용(C)보다 더 크다. 따라서 가모장의 이타 행동이 진화할 수 있다.

야생 칠면조 수컷의 이타 행동을 보면 팔로워가 얻는 유전적 이익을 구체적으로 알 수 있다(Krakauer 2005). 야생 칠면조는 수컷 두 마리가 같이 꼬리날개를 펼치고 구애 행동을 하는 경우가 많은데, 여기서 리더만 암컷과 교미하고, 팔로워는 도와주기만 한다. 수컷 혼자 구애하면 평균 0.9마리의 자손을 한 번식 기간 내에 얻지만, 팔로워가 구애를 도와주면 리더가 기대하는 이익은 평균 7.0마리다. 여기서 리더와 팔로워 간의 근연도는 0.42다(r=0.42). 이 수치는 리더와 팔로워가 친형제이거나 이복형제일 만큼 가까운 관계다.

변수	설명	계산
r	근연도	0.42
B	리더의 이익	6.1
C	팔로워의 비용	0.9
rB - C	해밀턴의 규칙	(0.42 × 6.1) - 0.9 = 1.7

야생 칠면조 수컷 팔로워의 이익

여기서 리더 또는 팔로워가 혼자서 구애하면 기대하는 자손의 수는 0.9다. 따라서 팔로워가 독립적인 번식을 포기하고 리더를 돕기만 하면 이 이타 행동에서 얻는 손실은 0.9다. 팔로워의 이타 행동을 통해 리더가 얻는 이익은 6.1이다. 이 수치가 7이 아닌 이유는 팔로워의 희생을 통해 얻는 이익이 B이기 때문이다.

그러면 이 수치를 해밀턴 공식에 대입하면 1.7이 나오고, 이 수치가 양수이기 때문에 팔로워는 이타 행동을 통해 유전적인 이익을 얻을 수 있다. 심지어 팔로워는 직접 번식하는 것보다 번식을 포기하고 리더를 도와줌으로써 훨씬 더 높은 유전적 이익을 기대할 수 있다. 그래서 지금 당장은 교미하지 않는 팔로워가 손해를 보는 것 같지만 결과적으로는 오히려 이득을 보게 된다.

동물에서 나타나는 대부분의 이타 행동은 혈연선택의 결과다. 혈연

선택은 우리가 직접 낳는 자손도 중요하지만, 간접적으로 혈연을 통해 얻는 자손도 나의 번식에 중요함을 의미한다. 비록 나와 혈연이라는 서로 다른 몸에 있더라도 같은 유전자를 공유한다면 이타 행동의 진화가 쉽게 가능하다. 그래서 진화를 유전자의 관점에서 고려할 때 가장 잘 이해할 수 있다.

지혜로운 동물이 알려주는

리더십과 팔로워십의 진화

한 개인이 리더가 될 수 있는 것은

팔로워가 존재하기 때문이다.

6

누가 카리부 무리를 이끄는가

왜 팔로워가
되려 할까

여기 한 개인이 있다. 이 개인이 스스로 "내가 리더야!"라고 주장하지만, 아무도 인정해주지 않는다. 그러면 그 개인은 리더가 될 수 없다. 그런데 이때 옆에서 팔로워가 "그래, 네가 리더야"라고 인정한다면 그 개인은 리더가 된다. 여기서는 리더의 강요 때문에 또는 리더를 존경하기에 팔로워가 되었는지는 고려하지 않겠다. 어떤 방법이든 팔로워가 없으면 리더가 될 수 없고, 따라서 한 개인을 리더로 만드는 것은 팔로워다. 그래서 리더십을 제대로 이해하려면 왜 팔로위가 되는지를 먼저 이해해야 한다.

무리의 리더가 되면 자원을 확보하기 유리하다. 1부에서도 언급했듯이 리더는 공통의 목적을 달성하는 자다. 이때 공통의 목적은 주로 리더의 욕구이기도 하다. 반드시 그런 것은 아니지만 리더가 되면 자신이 필요로 하는 자원을 쉽게 얻을 수 있다. 그런 의미에서 본다면 리더가 되려 노력하지 않고 자발적으로 팔로워가 된다는 점을 언뜻 이해하기 어렵다.

그뿐만 아니다. 팔로워십은 그에 따른 대가를 치러야 할 수도 있다. 첫 번째 대가는 리더의 목적에 호응해야 하므로 자신의 욕구를 포기해야 하는 것이다. 예를 들어 무리가 사냥을 하러 가면 팔로워는 지금 조금 힘들어서 쉬고 싶어도 함께 사냥을 나가야 한다. 꿀벌 사회의 일벌을 보면 팔로워가 번식이라는 자신의 욕구를 영구적으로 포기해야 하는 경우도 있다.

두 번째 대가는 자칫 잘못된 리더를 따를 수도 있다는 점이다. 내가 선택한 리더가 항상 옳은 결정을 내릴 수만은 없다. 사실 이런 문제는 우리 사회의 어느 조직에서도 흔하게 발생하는 일이다. 아무리 내가 좋은 팔로워가 되고 싶어도 만약에 내가 선택한 리더가 잘못된 결정을 내린다면 무리 전체에 큰 위험이 따를 수 있다. 우리 스스로가 선택한 리더가 조직 전체를 망하게 하는 일이 벌어질 수도 있는 것이다. 이런 큰 대가를 치러야 하는데도 불구하고 왜 팔로워가 되려 할까?

군중심리, 조직을 움직이는 행동 규칙

카리부caribou는 북미 대륙의 알래스카나 캐나다 북쪽에 서식하는 사슴이다. 북유럽이나 아시아에서는 카리부 대신 '순록'으로 불리는데, 산타할아버지가 타고 다니는 썰매를 끄는 주인공이 바로 이 사슴이다. 카리부는 불어로 '눈 속에서 삽질한다'는 뜻이다. 눈을 헤치며 그 밑에 있는 풀을 찾는 카리부의 습성에서 나온 말이다. '북극의 사슴'이라 불리는 카리부는 그 수가 다른 어떤 포유동물보다 많으므로 환북극 지역에 사는 원주민들의 생존에 절대적인 영향을 미친다. 카리부가 많은 해는 원주민들에게 음식과 풍요로움을 선사하고, 그 수가 줄어들면 배고픔과 역경이 뒤따른다.

카리부를 포함해 많은 대형 초식동물들은 한 장소에서 필요한 자원을 1년 내내 구할 수 없으므로 정기적으로 이주한다. 먹이를 찾아 이주하기도 하고, 양육이나 월동을 위해 이주하기도 한다. 종에 따라 단거리를 이주하는 동물도 있지만, 카리부처럼 수천 킬로미터를 이주하기도 한다. 카리부는 위도가 낮은 지역으로 이주해 겨울을 나고, 월동이 끝나면 위도가 높은 북극 지역으로 올라간다.

대형동물의 이주가 드문 환북극 지역에서 카리브의 이주는 일대 장관을 연출한다. 매년 3월 초부터 5월 말까지는 수십만 마리에 달하는 카리부가 출산과 풍부한 먹이를 찾아 북극해가 인접한 지역으로 이주한다. 이때 한꺼번에 모두 이주하기보다는 크고 작은 무리를 형성해 순차적으로 이동한다. 먼저 임신한 암컷과 한 살배기들이 이주하고, 그다음 수컷들이 그 뒤를 따른다.

카리부의 이주는 역경으로 가득 차 있다. 정해진 기간 내에 긴 여정을 마무리해야 하는 어려움은 제외하더라도, 늑대 떼와 곰이 곳곳에 도사리고 있다. 높은 산을 오르내려야 하고, 얼음 더미가 떠내려가는 강도 건너야 한다. 많은 카리부가 기진맥진해져 죽어간다. 북극과 가까운 지역이다 보니 카리부가 이주를 시작하는 시기라 하더라도 아직 곳곳에 눈이 많이 쌓여 있어서 뚜렷한 지형지물을 찾기 어려울 때가 많다. 게다가 눈보라까지 휘몰아치면 세상은 온통 하얗게 바뀐다. 이런 상황에서 길을 잃지 않고 목적지까지 무사히 도달하는 일은 북극의 사슴에게도 절대 쉽지 않다.

그러면 어떻게 엄청난 수의 카리부 무리가 안전하게, 그리고 시간 내에 번식지로 이동할 수 있을까? 이주 경로에 밝은 알파 수컷이나 강력한 리더십을 가진 여왕벌 같은 존재가 있는 것일까? 카리부는 포식자 방어와 먹이 활동의 편의를 위해 무리를 형성해 살아가지만, 카리부 사회에는 뚜렷한 위계질서가 있지도 않고, 무리 전체를 통솔할 수 있는 강력한 리더는 더더욱 존재하지 않는다.

카리부들이 무사히 장거리를 이주하는 비결은 의외로 간단하다. 바로 군중심리herd mentality이다. 우리 식으로 말하면 눈치껏 남을 보고 그대로 따라 하는 심리다. 이 군중심리라는 간단한 행동 규칙을 이용하면 무리 전체가 낙오하지 않고 난관을 극복하면서 목적지에 도달할 수 있다.

먼저 카리부는 무리 속에서 이웃 간에 일정한 거리를 유지하며 순차적으로 이동한다. 마치 우리가 자동차를 운전할 때 앞뒤로 적당한 간격을 유지하려 노력하는 것과 같다. 이웃 간의 거리는 포식자가 나타나면 아주 좁아질 수도 있

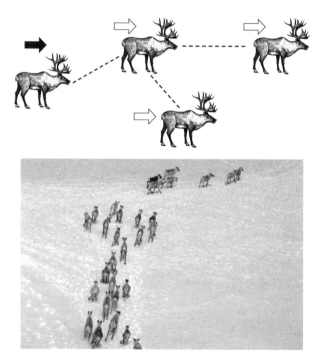

카리부는 군중심리라는 단순한 행동 규칙에 따라 주위의 이웃들과 일정한 거리(점선)를 유지하며 그들이 움직이는 방향(화살표)으로 이동한다.

고, 그렇지 않으면 조금 더 벌어질 수도 있다. 그다음 이웃들이 움직이는 방향을 따라 같이 이동한다. 그런데 과연 이런 방법으로 북극해까지 이동할 수 있을까? 가능하다. 최근 연구 결과에 따르면 동물의 무리 가운데 뚜렷한 리더가 없어도 이 두 가지의 간단한 행동 규칙을 이용해 무리 전체가 특정한 목적지로 이동할 수 있음을 보여준다(Couzin and Krause, 2003).

군중심리가 가장 극적으로 나타날 때는 카리부들이 떼를 지어 이동하는 도중 늑대가 나타나는 경우다. 늑대의 출현을 모르는 카리부도 이웃의 이동 방향을 파악해 거기에 맞춰 움직인다. 하늘에서 보면 마치 지휘자가 무대 위에서 오케스트라 전체를 지휘하듯 카리부의 도피는 일사불란하게 이뤄진다. 이때 카리부들은 서로 의사소통도 하지 않고, 옆에 누가 있는지도 중요하게 여기지 않는다. 더구나 지휘자 역할을 하는 리더도 없다. 군중심리의 간단한 행동 규칙을 이용하면 지휘자가 없어도, 또 포식자의 위치를 모르더라도 무리 전체가 위험을 회피할 수 있다.

카리부의 이주 역시 경로에 대한 정보를 가지고 있는 소수의 리더에 의존한다. 이런 정보를 무리의 모든 구성원에게 전달하기 어려운 경우도 많다. 군중심리는 자율적으로 판단할 수 있는 개인들이 정보가 부족한 상태에서도 무리의 형태를 유지하며 신속하게 외부 자극에 대처할 수 있게 해준다. 카리부처럼 거대한 구성원을 자랑하며 일사불란하게 움직이는 동물의 무리는 뜻밖에도 눈치껏 행동하는 개인들 간의 간단한 행동 규칙의 결과인 셈이다.

집단의 '복잡한' 행동을 가능하게 하는 개인의 '간단한' 행동 규칙

군중심리는 종종 눈을 번쩍 뜨게 하는 장관을 만들기도 한다. 대표적인 예가 하늘을 수놓는 새들의 군무다. 처음에는 정교하게 연출되는 군무를 보면서 분명히 그 중심에 리더가 있을 거라고 생각했다. 심지어 그 리더가 뚜렷한 시각 신호나 청각 신호 없이 텔레파시를 통해 명령을 내리고 있다고 상상했다. 하지만 군무를 추는 새들의 무리 속에 리더는 없었다. 단지 여기에도 아주 기본적인 상호 규칙이 존재했다. 개인 간에 일정한 거리를 유지하고, 옆의 개인이 움직이는 방향으로 이동한다는 아주 간단한 행동 규칙이었다. 이것을 집합행동^{collective behavior}이라 하는데, 일련의 기본적인 상호작용의 법칙을 따르는 개체들의 동기화된 행동을 말한다.

우리 인간도 군중심리를 아주 충실하게 따르는 동물 중 하나라고 할 수 있다. 예를 들면 우리는 극장이나 경기장에서 퇴장할 때 출입구를 확인하지 않고 사람들의 행렬을 그대로 따라간다. 카리부들이 이웃의 움직임을 따라 이주하는 것과 크게 다를 바 없다. 군중심리의 또 다른 사례는 주식 투자다. 다수의 사람이 어떤 특정 주식에 투자한다는 이유만으로 우리는 그 주식에 투자한다.

카리부의 이주나 새들의 군무를 보면 많은 개인이 마치 하나의 살아 있는 조직처럼 행동한다. 집단의 복잡한 행동이 구성원 간의 비교적 간단한 상호작용 규칙으로 조정될 수 있는데, 이것을 자기조직^{self-organization}이라 한다. 자기조직은 개인들이 간단한 행동 규칙을 따른 결과로 마치 살아 있는 하나의 생명체와 같은 모습으로 행동한다(Couzin and Krause, 2003). 우리 사람도 일상에서 자연스럽게 자기조직을 만들며 생활한다.

베트남의 하노이에 갔을 때 거리에서 놀라운 광경을 본

적이 있다. 왕복 10차선 정도 되는 큰 사거리였는데 도로에
는 자동차, 오토바이, 자전거 등 헤아릴 수 없을 만큼 많은
교통수단이 분주하게 움직이고 있었다. 그런데 놀랍게도 그
곳에는 교통의 흐름을 지시하는 신호등도, 교통경찰관도 없
었다. 그런데도 수많은 사람과 자동차, 오토바이와 자전거
가 충돌 없이 각자 자신들이 원하는 방향으로 움직이고 있
었다. 교통의 흐름은 느리지만 막힘없이 아주 효율적이었
다. 단순히 같은 방향으로 이동하는 개인들처럼 충돌하지
않으려고 일정한 거리를 유지하며 이동하는 게 전부였다.
전지전능한 리더나 복잡한 신호가 없어도 우리 인간은 자기
조직을 형성해 목적을 달성할 수 있다(Moussaïd et al, 2011).

정보를 가지고 있는
개인이 곧 리더다

군중심리로 움직이는 개인들의 무리 속에는 절대적인 리더
는 없지만 무리의 움직임을 주도하는 리더는 존재한다. 이
들은 정보를 가지고 있는 소수의 개인으로 무리의 움직임을

특정 방향으로 유도한다. 나머지 구성원들은 리더의 행동을 그대로 따라 하는 팔로워들이다.

예를 들면 무리의 외곽에 있는 개인들은 포식자의 존재를 먼저 발견할 수 있다. 포식자가 카리부 무리에 접근하면 포식자가 접근하는 방향에서 가장 가까운 곳에 있는 카리부들이 먼저 포식자를 탐지한다. 이들은 순간적인 리더가 되어 먼저 도피 행동을 시작한다. 그러면 근처의 다른 카리부들은 팔로워가 되어 리더를 쫓아 도피 행동을 한다. 그 결과 포식자의 존재에 대한 정보가 무리 전체에 퍼지지 않았음에도 불구하고 무리의 모든 카리부는 포식자에 대해 적절한 방어를 할 수 있다.

정보를 가지고 있는 리더는 무리 전체를 특정한 방향으로 몰고 갈 수 있다. 송사리의 예를 들어보자. 송사리들은 평소에 포식자 물고기를 피해 그늘에서 쉬는 것을 좋아한다. 하루 중 특정한 시간에 송사리들이 사는 어항의 가장 밝은 곳에 먹이를 주었다. 그러자 송사리들은 포식자로부터의 위협을 감수하고라도 시간만 되면 먹이가 있는 밝은 장소로 이동했다.

이렇게 훈련된 이 송사리들을 정보가 없는 다른 송사리

들과 같은 무리에 있게 했다. 그러자 하루 중 특정한 시간이 되면 훈련된 송사리들이 정보가 없는 다른 송사리들을 유도해 먹이가 있는 밝은 장소로 이동했다. 먹이에 대한 정보가 없는 송사리들은 밝은 곳이 위험하다는 것을 알면서도 먹이에 대한 정보를 가진 송사리를 따라 이동한 것이다(Reebs, 2000). 바로 이 점이 팔로워가 되려는 이유다. 불확실할 때는 정보가 있다고 생각되는 다른 개인을 따르는 것이다.

이주 경로를 알고 있는 리더가 제거되면 카리부 무리는 그 경로를 다시 이용하지 않게 된다. 따라서 리더가 사라지면 팔로워는 길을 잃을 수도 있고 아니면 다른 경로로 가거나 다른 리더를 찾아야 한다. 그래서 카리부를 사냥하는 부족들은 카리부 리더는 그냥 보내고 뒤따라가는 카리부만 사냥하는 전통 지식을 가지고 있다(Padilla, 2010). 원주민들은 길을 알고 있는 카리부 리더를 보호해줌으로써 카리부 무리가 마을 근처의 경로를 계속 이용하도록 한다. 그래야만 원주민들이 매년 안정적으로 카리부 사냥을 할 수 있기 때문이다.

그러면 한 사회에서 정보를 가지고 있는 리더는 어느 정도면 적당할까? 정보를 가지고 있는 개인들이 많을수록 무리의 구성원이 효율적으로 이동할 수 있을까? 대부분 정보를 가진 리더가 많아질수록 무리 전체의 이동도 정확해진다. 그러나 어느 순간부터는 리더의 수가 많아져도 무리 이동의 정확성은 높아지지 않는다. 정확성이 가장 높아지는 순간은 리더의 비율이 전체 무리의 5퍼센트 정도일 때다. 이 5퍼센트의 비율은 실제로 일벌들의 새집 찾기나 철새들의 이주 경로 연구를 통해 뒷받침되고 있다(Seeley and Buhrman, 1999).

군중심리는 자율적으로 움직이는 로봇이나 드론의 행동을 조정하는 데에도 중요하게 사용된다. 특히 군사적으로 사용하는 로봇이나 드론은 인간의 명령이 거의 없이 전투를 수행하도록 개발되고 있다. 특히 리더-팔로워 알고리듬을 적용해 일부 로봇만 리더 역할을 수행해 목적지를 알게 하고, 목적지를 찾아갈 수 있는 능력을 부여한다. 팔로워 로봇들은 군중심리를 이용해 따라가면서 다른 역할을 수행한다. 예를 들어 주변의 위협 수준을 탐지해 대처하는 역할이다. 군중심리 알고리듬은 로봇들에게 서로 다른 역할을 부여하게 함으로써 이들의 임무 수행을 극대화할 수 있다.

모든 구성원이 포식자의 존재, 먹이의 장소 또는 이주 경로와 같은 필수적인 정보를 가지고 있지 않다. 바로 이 점이 많은 개인이 자발적으로 팔로워가 되려는 이유다. 아무리 강력한 힘을 가진 알파 수컷이라 하더라도 포식자의 정보가 없을 때는 팔로워가 되어 정보가 있는 리더를 따라야 한다. 정보가 부족하거나 불확실한 상태일 때 개인이 취할 수 있는 최고의 방법은 정보가 있는 개인을 따르는 것이다. 그런 의미에서 우리는, 그리고 모든 동물은 팔로워로 태어났다.

7

리더십과 팔로워십의 진화

리더십의
진화

팔로워십은 몸의 일부분을 구성하는 형태도 아니고 개인이
하는 행동도 아닌, 마음속에 있는 일종의 심리 체계다. 한 개
인은 언제든지 팔로워가 될 수 있고, 심지어 마음먹기에 따
라 리더가 될 수도 있다. 물론 마음먹는다고 반드시 리더가
되는 것은 아니다. 그렇지만 중요한 점은 리더십도 행동이
나 형태처럼 자연선택에 의한 진화 과정을 겪는다.

리더십은 어떻게 진화했을까? 리더십의 진화 또는 팔로
워십의 진화는, 리더십이 없는 집단에서 리더십이 존재하는 집단으로 변화했음을 의미한다. 그러면 리더십은 어떤 조건에서 진화할까? 만약 리더십이 진화할 수 있는 조건이 까다롭다면 리더십과 팔로워십이 존재하는 동물 사회가 그렇게 많지는 않을 것이다. 그렇지만 그 조건이 간단하고 포괄적이면 리더십과 팔로워십 진화는 쉽게 일어날 수 있다.

리더십과 팔로워십이 진화할 수 있는 첫 번째 조건은 '반드시 해야 할 일이 있을 때'다. 예를 들어 먹이 찾기나 포식자 방어처럼 매일 반복적으로 반드시 수행해야만 하는 일이다. 리더십과 팔로워십이 진화할 수 있는 두 번째 조건은 이런 일들을 나 혼자 하기보다 '다른 개인과 같이 수행하면 더 이익'일 때다. 이 두 번째 조건은 동물들이 집단을 형성하는 이유다. 두 조건을 종합하면 동물이 반복적으로 해야 하는 일을 혼자보다는 집단을 형성해 수행하는 것이 유리할 때 리더십과 팔로워십이 진화한다. 집단을 형성하고 있는 동물 사회라면 어떤 집단이든 이 두 가지 조건이 쉽게 충족되고, 따라서 리더십이 나타나는 동물의 집단은 흔하다.

그런데 하필 이런 조건에서 리더십과 팔로워십이 나타날까? 두 마리 물고기가 먹이를 찾는 공통의 목적을 수행하려고 한다. 어떤 조합일 때 이 일을 가장 잘 수행할 수 있을까?

리더, 팔로워　　　　리더, 리더　　　　팔로워, 팔로워

리더와 팔로워 조합일 때 수행 성과가 가장 높다.

두 마리의 물고기는 리더와 팔로워의 조합, 리더와 리더의 조합, 또는 팔로워와 팔로워의 조합일 수 있다. 이 중 리더와 팔로워의 조합일 때가 공통의 목적을 가장 잘 수행해낸다.

이런 현상은 실제 우리의 일상에서도 쉽게 목격할 수 있다. 친구 사이든 동료 사이든 어떤 무리에 리더십이 강한 친구가 둘이 있으면 일이 순조롭게 진행되지 않는다. 서로 각자의 의견을 강하게 주장하다 보니 다툼이 생기기 쉽다. 팔로워와 팔로워의 조합 또한 일이 제대로 진행되지 않기는 마찬가지다. 상대방에게 먼저 행동하기를 권하면서 자신은 적극적으로 나서지 않으려 하므로 공통의 목적을 잘 수행해내기가 어렵다. 반면 리더와 팔로워의 조합일 때는 일이 순조롭게 진행된다. 리더가 "내가 앞장서서 먹이를 찾아볼게!"라고 하면, 팔로워는 "그래, 먼저 가. 그럼 내가 주변을 잘 살

퍼볼게"라고 하며 리더가 일을 잘해낼 수 있도록 돕는다.

　이것이 의미하는 바는 어떤 동물 집단이 리더와 팔로워로 구성되어 있을 때 공통의 목적을 달성할 가능성이 가장 크다. 어느 한 집단의 구성원들이 반드시 수행할 일이 있고, 같이 수행하면 이익일 때 그 집단의 구성원들은 리더와 팔로워로 사회적 조정이 일어나기 쉽다. 다시 말해 리더십이 진화하게 된다. 리더십과 팔로워십의 진화는 게임 이론을 통해 쉽게 이해할 수 있다. 게임 이론은 상호작용하는 개인들이 서로의 선택에 영향을 미칠 때, 개인이 선택할 수 있는 최상의 전략을 찾는다. 코디네이션 게임은 게임 이론의 하나로 서로 다른 규칙을 따르는 개인이 사회적 조정을 하는 과정을 다룬다. 이 코디네이션 게임은 서로 모르는 개인들이 비록 얻는 성과가 차이나더라도 리더와 팔로워로 사회 조정이 가능함을 보여준다.

　만약 리더십의 진화가 자연선택에 의해서라면 다음과 같은 과정을 거친다. 어떤 형질에 자연선택이 작용하면 그 형질은 진화를 거치면서 환경에 적응하게 된다. 그 환경은 물리적 환경일 수도 있고, 사회적 환경일 수도 있다. 그 형질이 생명체가 처한 환경에서 생존과 번식에 기여하기 때문에, 그

생명체는 높은 번식성공도를 기대할 수 있다. 그리고 그렇게 높은 번식성공도를 가능하게 하는 형질을 적응이라 한다.

그래서 리더십이 존재하는 집단은 그렇지 않은 집단보다 훨씬 더 적응적이어야 한다. 리더십과 팔로워십이 진화한 집단의 구성원은 그렇지 않은 집단의 구성원보다 번식적으로 더 성공적이어야 한다. 리더와 팔로워 모두 리더십의 존재로 인해 상당한 이익을 기대할 수 없다면 그런 리더십-팔로워십이 있는 집단에 더 이상 소속되어 있을 필요가 없다. 그렇다면 리더십의 진화에 대한 가장 중요한 질문은 다음과 같다. 리더십의 진화로 인해 리더가 얻는 이익은 무엇일까? 그리고 팔로워가 얻는 이익은 무엇일까?

리더가 얻는
이익은 무엇일까

리더가 얻는 이익은 무엇일까? 리더는 보통 그 집단에서 우위 서열이 가장 높은 개인이고, 우위 서열이 높은 개인은 필요한 자원을 가장 먼저, 그리고 가장 많이 확보할 수 있다.

그 결과 리더는 무리에서 가장 높은 번식성공도를 자랑한다. 가장 극단적인 예는 꿀벌 사회로, 여왕벌은 무리의 모든 번식을 독점한다. 늑대도 마찬가지다. 늑대는 영역을 확보해야만 알파 수컷과 알파 암컷이 될 수 있고, 따라서 번식할 수 있다. 영역을 확보할 수 없는 늑대는 알파 수컷과 알파 암컷이 될 수 없고, 따라서 번식의 기회도 없다.

침팬지는 한 무리 안에 혈연관계가 아닌 다수의 암컷과 수컷이 존재한다. 그리고 반드시 알파 수컷이 아니어도 번식할 수 있다. 그렇지만 침팬지 사회에서도 리더의 지위에 있으면 번식에 아주 유리하다. 탄자니아의 곰베 국립공원에서 침팬지를 대상으로 22년간에 걸친 연구를 통해 서열별로 몇 마리의 새끼를 낳는지 조사했다. 그 결과 알파 수컷이 가장 많은 새끼를 낳았다는 것을 확인할 수 있었다(Wro-blewski et al, 2009). 동물 사회에서 리더가 되려는 가장 중요한 이유는 높은 번식성공도를 기대할 수 있기 때문이다.

인간 사회에서도 리더는 높은 번식성공도를 가질까? 이 질문에 대답하기 위해서는 리더십이 진화했다고 추정되는 원시 수렵-채집 사회를 들여다볼 필요가 있다. 리더십과 같은 대부분의 심리 체계는 인간 역사의 대부분을 차지하는 구석기시대의 사회적 조정 문제를 해결하기 위해 진화되었다. 따라서 인간 리더십의 본질은 현대 사회보다는 구석기 사회에서 찾는 것이 바람직하다. 하지만 구석기시대로 되돌아가 인간 리더십을 연구를 할 수는 없다. 대신 비교적 최근까지 구석기시대와 비슷한 수렵-채집 사회를 영위했던 원주민들을 들여다보면 어느 정도 힌트를 얻을 수 있다. 대표적으로 남아메리카의 아체Ache, 탄자니아의 하드자Hadza, 인도네시아의 라마레라Lamalera, 남부 아프리카의 !쿵!Kung, 멜라네시아의 메리암Meriam 원주민 사회다.

원시 수렵-채집 사회는 권위적인 리더가 있는 것도 아니고, 사냥한 고기는 구성원들이 모두 공유하는 평등주의egalitarian 사회였다. 따라서 리더나 팔로워나 번식성공도에서 차이가 나지 않아야 한다. 그렇지만 현대에 존재하는 수렵-채집 사회를 보면 훌륭한 사냥꾼은 평균보다 보통 50~100퍼센트 더 높은 번식성공도를 자랑했다(Smith, 2004). 최근 산업혁명 이전의 사회에 대한 메타 분석에서도 사회적 지위와 번식성공도의 상관성(r=0.19)은 유의미하게 나타났다. 재미있게도 이 수치는 인간을 제외한 다른 영장류의 사회적 지위와 번식성공도의 상관성(r=0.80)보다는 훨씬 낮다(Rueden and Jaeggi, 2016). 인간 사회는 구성원의 수, 번식 체계(일부일처제, 일부다처제, 일처다부제 등), 경제 영위(농업, 목축, 수렵-채집 등) 측면에서 그 어떤 동물 사회보다 복잡하다. 그렇지만 적어도 수렵-채집 사회에서 리더가 어느 정도 높은 번식성공도를 누리는 것은 흔하게 발견할 수 있다.

코끼리의 가모장이 얻는 이익은 앞의 예들과는 다르다. 코끼리 집단은 나이가 많은 가모장이 이끄는 무리가 그렇지 않은 무리보다 훨씬 빠르게 번식한다. 앞에서도 이미 설명했듯이 코끼리 무리의 가모장은 할머니다. 가모장은 현재 직접적인 번식을 하지 않을 가능성이 크다. 하지만 암컷 중심 사회의 코끼리들은 암컷들끼리 모두 혈연으로 연결되어 있고, 현재 번식이 가능한 암컷들이 새끼를 낳으면 이 새끼들은 모두 가모장의 손주나 증손주다. 이 경우 가모장은 자신이 희생하더라도 무리의 구성원이 번식적으로 성공하면 유전적 이득을 얻을 수 있다. 이것을 혈연선택이라 한다.

유전자는 보통 개인의 번식을 통해 다음 세대로 전달된다. 한 개인이 번식에 매우 성공적이어서 많은 자손을 남길 경우, 그 유전자도 다음 세대에 그만큼 흔하게 된다. 이것은 직접 번식 방법에 의한 유전자 전달이다. 그런데 직접 번식이 아니더라도 유전자는 다음 세대에 전달되는 방법이 있다. 그것은 혈연을 통한 간접 유전자 전달이다. 나와 친척(형제자매, 사촌 등등)은 공통 조상(부모, 조부모 등)을 두었기 때문에 같은 유전자를 공유할 수 있다. 따라서 나와 유전자를 공유한 혈연이 번식에 성공적일수록 내가 가지고 있는 유전자가 다음 세대에 잘 전달되는 효과가 있다. 이 혈연선택을 통해 코끼리 가모장은 직접 번식하는 효과 이상으로 자기 유전자를 다음 세대에 전달하는 이익을 얻을 수 있다. 코끼리 가모장의 리더십은 무리를 위해 희생하는 이타 행동이라 할 수 있는데, 이 이타 행동의 유전적 이익은 궁극적으로 코끼리 가모장이 가져간다.

팔로워가 얻는
이익은 무엇일까

집단생활에서 사실 리더가 높은 번식성공도를 얻는 것은 그리 놀라운 일이 아니다. 그보다 더 흥미롭고, 우리를 곤혹스럽게 하는 것은 팔로워가 얻는 이익이다. 리더가 얻는 이익은 눈에 띄게 뚜렷한데 비해, 팔로워가 얻는 이익은 초라하거나 아니면 거의 없어 보인다. 예를 들면 일벌들은 평생 일만 하고 번식하지 않기 때문에 번식성공도가 0처럼 보인다. 그렇다면 일벌들은 리더십과 팔로워십 관계에서 이익은커녕 오히려 손해를 보는 것은 아닐까?

서열이 낮은 침팬지는 알파 수컷에게 두들겨 맞거나 먹던 음식도 빼앗기기 일쑤다. 도대체 열위 침팬지가 무리에 참여함으로써 얻는 이익은 무엇일까? 리더십과 팔로워십이 진화하기 위해서는 팔로워를 포함한 개인에게 돌아가는 이익이 분명해야 한다. 그렇다면 리더십과 팔로워십의 관계는 팔로워에게 어떤 이익을 줄까?

여기서 팔로워가 얻는 이익을 생각하기 전에 팔로워의 비교 대상을 고려해볼 필요가 있다. 팔로워가 얻는 이익과 리더가 얻는 이익을 비교하면 결론은 리더십과 팔로워십 관계에서 팔로워가 항상 손해를 보는 것 같다. 그러나 팔로워가 얻는 이익에 대한 적당한 비교 대상은 집단생활을 하지 않는 개인의 이익이다. 그 이유는 팔로워가 집단생활이 불공평하다고 불평하고 그만두면 집단생활을 하지 않는 개인이 되기 때문이다. 만약 무리생활을 함으로써 팔로워가 포식자의 공격을 덜 받고, 조금이라도 먹이를 더 먹을 수 있다면 집단생활에서의 이익을 누리고 있는 것이다. 이것만으로도 팔로워는 지금 당장 번식하지 못한다 하더라도 무리에 남아 있을 이유가 충분하다.

실제로 집단생활의 여러 이익 때문에 팔로워들이 집단에 속하려는 욕구가 굉장히 강하다. 그래프를 보면 집단의 크기가 1에서 5로 증가하면 각 개인에게 돌아오는 순이익도 커진다. 이것은 집단이 크면 클수록 포식자로부터 안전하거나 보다 쉽게 먹이를 찾을 수 있기 때문이다. 그리고 집단의 크기가 5일 때 집단 내에 속한 개인의 순이익은 최대치가

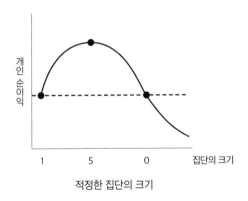

적정한 집단의 크기

된다. 그렇지만 집단의 크기는 5에서 멈추지 않고 계속 증가한다.

그 이유는 현재 혼자 사는 개인들이 이 집단에 들어오고 싶어 하기 때문이다. 집단에 속하지 않은 개인 입장에서는 혼자 있을 때 얻는 이익보다 집단에 들어갔을 때의 이익이 더 크다. 그래서 이런 솔로 개인이 집단에 들어오면 그에 따라 개인의 순이익은 점점 떨어진다. 솔로의 집단 유입은 집단에 속한 개인의 순이익이 0이 되는 시점에서 멈춘다. 이때는 집단에 속하거나 그렇지 않거나 개인의 순이익이 똑같아진다. 따라서 솔로들의 유입을 막기 전에는 이 집단의 크기가 적정 크기보다 훨씬 더 커질 수 있다. 이런 이유로 우리가 자연에서 보는 동물 집단의 크기는 적정한 수를 넘어선다고 생각한다.

집단 내에 가까운 혈연이 있으면 팔로워는 보다 궁극적인 이익을 누릴 수 있다. 야생 칠면조의 예를 들어보자. 두 마리의 야생 칠면조 수컷이 암컷의 선택을 받기 위해 꼬리를 부채처럼 펼치고 구애 작전을 펼친다. 그리고 두 마리의 수컷 중 한 마리만이 암컷과의 교미에 성공한다. 교미에 성공한 수컷은 리더이고, 나머지 한 마리는 팔로워다. 이 팔로워

암컷을 유인하기 위해 꼬리날개를 부채처럼 펴는 야생 칠면조 수컷 무리. 이중 한 마리는 리더이고, 나머지는 팔로워다. 자료: Clipart.com

는 리더가 암컷을 유인하도록 도와주기만 할 뿐 정작 자신은 교미하지 않는다. 여기까지 보면 팔로워가 얻는 이익은 전혀 없어 보인다.

팔로워는 번식의 기회가 없는데도 불구하고 왜 리더를 도와 같이 구애를 할까? 알고 보니 이 두 마리의 수컷은 혈연적으로 가까운 관계였다. 이 둘은 친형제 또는 이복형제일 가능성이 크다. 이렇게 가까운 혈연은 서로 유전자를 공유한다. 그래서 리더가 혼자 구애를 하면 한 번식 기간 내에 평균 0.9마리의 새끼를 기대할 수 있다. 그런데 팔로워가 같이 구애를 하면 리더는 평균 7.0마리의 새끼를 얻을 수 있다. 이 관계에서 팔로워는 간접적으로 돌아오는 유전적 이익이 직접적으로 번식할 때보다 크다. 따라서 야생 칠면조 수컷은 팔로워가 되어 구애 행동을 하는 친척을 돕는 편이 혼자서 구애 행동을 하는 것보다 훨씬 낫다(Krakauer 2005).

중남미의 열대나 아열대숲에 서식하는 긴꼬리마나킨은 몸길이가 10센티미터 정도 되는 새인데 이들도 야생 칠면조처럼 번식기가 되면 수컷 두 마리가 협력해 구애 행동을 한다. 수컷 두 마리는 나뭇가지 위에서 수레바퀴 돌 듯이 서로 원을 그리며 춤을 추고 노래한다. 그러다가 암컷이 나타나면 두 수컷은 더욱 흥분해 수레바퀴 춤을 춘다. 그렇게 구애를 하다가 암컷이 흥분해 뛰기 시작하면 수컷 한 마리가 살짝 자리에서 물러난다. 그러면 남아 있는 수컷이 암컷과 교미를 한다. 이때 물러나는 수컷은 베타 수컷이고, 남아 있는 수컷은 알파 수컷이다. 베타 수컷은 알파 수컷의 구애에 도움을 주지만 정작 교미는 하지 않고 사라진다.

긴꼬리마나킨 알파 수컷과 베타 수컷은 리더와 팔로워의 관계라고 할 수 있다. 그렇다면 야생 칠면조처럼 베타 수컷

긴꼬리마나킨 알파 수컷과 베타 수컷은 남남관계이지만 서로 협력해 구애한다.
자료: Attila Oláh

도 유전적인 이익을 간접적으로 얻을까? 이것은 알파와 베타가 혈연으로 연결되어 있을 때 가능하다. 그런데 긴꼬리마나킨의 알파와 베타는 남남이고, 따라서 베타는 이 협력관계에서 아무런 유전적 이익을 얻을 수 없다. 알파와 베타의 협력관계는 무려 몇 년이나 지속되기도 하는데, 그동안베타는 아무런 이익 없이 도와주기만 한다. 어떻게 베타는아무런 유전적 이익도 없이 알파를 도와주기만 할까?

베타 수컷이 얻는 이익은 알파 수컷이 더 이상 구애 장소에 존재하지 않을 때 실현된다. 알파가 죽거나 무슨 일로 사라지면 베타는 알파가 사용하는 영역을 물려받을 수 있다. 그다음부터 베타는 알파가 되고, 다른 수컷들이 이 새로운 알파를 돕기 시작한다. 구애하기 좋은 영역은 항상 한정되어 있고, 좋은 영역일수록 많은 암컷을 유인할 수 있다. 베타는 오랫동안 도움만 주지만 궁극적으로 좋은 영역이라는 커다란 보상을 받을 수 있다는 기대 때문에 기꺼이 팔로워가 된다.

긴꼬리마나킨 수컷들의 이런 협력을 호혜reciprocity라고 하는데 호혜는 협력의 한 종류로, 도움을 주는 시점과 도움을 되돌려 받는 시점에서 차이가 난다. 오늘은 내가 친구를 돕지만 내일은 친구가 나를 돕는다. 만약 내가 준 도움이 나중에 다시 돌아온다는 확신이 있으면 호혜의 참가자는 모두 이익을 얻을 수 있다. 호혜가 진화하기 위한 조건은, 도움을 받은 결과로 생기는 수혜자의 이익이 도움을 주는 행위자에 대한 비용보다 훨씬 많아야 한다. 베타 수컷이 오랫동안 도움을 주었는데 돌아오는 혜택이 그다지 가치가 없다면 호혜가 지속될 수 없다.

긴꼬리마나킨 베타 수컷이 오랫동안 도움을 준다고 해서 반드시 알파 수컷이 되는 것은 아니다. 베타 수컷이 중간에 사고가 생길 수도 있고, 잘못해서 다른 수컷으로 교체될 수도 있다. 베타 수컷에게 중요한 것은 알파 수컷을 도와주었을 때 나중에 영역을 물려받을 확률이다. 이 기대치가 어느 정도 크면 베타 수컷은 몇 년을 희생하더라도 팔로워가 될 가치가 있다.

리더십이 진화하기 위해서는 리더십이라는 형질로 인해 집단의 구성원 모두가 이익을 누려야 한다. 그리고 그 이익은 리더뿐만 아니라 팔로워에게도 돌아가야 한다. 팔로워는 리더만큼의 이익은 얻지 못하지만, 혼자 사는 개인보다는 높은 이익을 누려야만 집단에 남는다. 동물 사회에서도 인간 사회에서도 집단이 와해되는 시점은 팔로워가 더 이상 집단에서 이익을 기대하기 힘들 때다.

8

리더는 사회적 상호작용을 통해 탄생한다

용감한 가시고기,
소심한 가시고기

지극한 부성애로 유명한 가시고기는 전 세계에 16종 이상이 있다고 알려져 있다. 그중 가장 잘 알려진 종은 큰가시고기three-spined stickleback다. 이 종은 북위 30도 이상의 동아시아, 유럽, 북아메리카, 그리고 우리나라에서도 발견된다. 야생에서 쉽게 발견할 수 있고, 수조에서도 잘 살기 때문에 큰가시고기를 대상으로 다양한 연구가 이루어진다. 그중에서도 동물행동학의 창시자 중 한 명인 니코 틴버겐Niko Tinbergen이 수행한 혼인색을 이용한 본능 실험이 유명하다. 큰가시고기는 번식기가 아닐 때는 떼를 지어 다닌다. 그래서 최근에는 큰가시고기를 이용한 성격과 리더십 형성 과정에 관한 연구가 활발히 진행되고 있다.

모든 가시고기는 등지느러미에 강하고 뾰족한 가시를 가지고 있으며, 이런 특징 때문에 가시고기라 불린다. 큰가시고기는 세 개의 가시를 가지고 있는데, 평소에는 이 가시가 누워 있다가 위협을 느끼면 등지느러미를 이용해 뾰족하게 세운다. 포식자가 잘 모르고 가시고기를 먹으려고 하면 이 가시에 찔리게 된다. 그래서 가시는 훌륭한 방어무기다.

큰가시고기는 해안과 인접한 바다에서 살지만 번식을 위해 내륙의 하천으로 회유한다. 큰가시고기 수컷의 배 쪽은 평상시에 은빛을 띠지만 번식기가 되면 빨갛게 변하는데 이것을 '혼인색'이라 한다. 큰가시고기는 번식을 위해 하천으로 올라올 때 수초가 많은 얕은 물을 선호한다. 수컷은 바닥을 움푹 파고 둥지를 만든 다음 둥지에 식물성 물질, 모래, 그 밖에 바닥에서 발견할 수 있는 잔해를 모은 후 몸에서 분비한 끈적끈적한 물질로 이것들을 서로 접착시킨다. 이 둥지 재료의 가운데를 몸으로 왔다갔다하며 둥근 터널을 뚫어놓으면 암컷을 유인할 준비를 모두 마친 셈이다.

번식기의 큰가시고기. 암컷은 둥지에서 산란을 하고 있다.

자료: Alexander Francis Lydon, wikimedia

수컷은 암컷을 유인하기 위해 둥지에서 지그재그 춤을 추고, 암컷이 다가오면 터널로 유인한다. 암컷이 터널로 들어가 산란하면 수컷은 바로 암컷을 내쫓고 알을 수정시킨다. 그다음부터 수컷은 알을 정성스럽게 돌보고, 자주 배지느러미로 부채질을 해 산소가 많은 물을 알에게 보내준다. 그리고 다른 수컷이나 포식자가 다가오면 이들로부터 둥지를 방어한다. 알은 1주일 후에 부화하는데 수컷은 그 후에도 일정 기간 치어를 돌보다가 기진맥진해져 죽는다. 그러면 치어들은 아비의 살을 먹으며 성장한다.

큰가시고기에게 수초는 포식자로부터 비교적 안전한 일종의 피난처다. 그래서 수초에서 나와 주변을 탐색하다가도 위협이 느껴지면 재빨리 수초로 돌아간다. 가시고기의 성격 실험을 위해 수조의 한쪽은 수초를 두고, 다른 쪽은 개방시켜 먹이를 공급해주었다. 물고기는 안전한 수초에서 휴식을 취할 수 있지만 먹이를 먹으려면 위험한 먹이터로 나와야 한다. 용감한 물고기일수록 수초를 벗어나 먹이를 찾는 활동을 많이, 그리고 자주한다. 반대로 소심한 물고기일수록 수

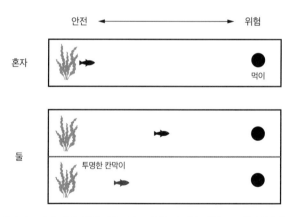

큰가시고기의 성격 실험. 위는 물고기 한 마리를 대상으로 한 실험이고, 아래는 수조 두 개를 옆으로 붙여 놓고 한 실험이다.

초에 오래 머물고, 개방된 곳에 있다가도 금방 수초로 돌아가려 한다. 이렇게 피난처에서 나와 활동하는 시간이나 빈도를 측정해 용감한 성격인지 소심한 성격인지를 알 수 있다.

사회적 상호작용을 통한
리더십 형성

사회적 상호작용을 통해 어떻게 리더가 되는지 알아보자. 이번에는 물고기가 있는 수조 두 개를 붙여놓고 같은 실험을 했다. 수조는 투명해서 물고기들은 상대방을 볼 수 있다. 그런데 물고기들이 서로 볼 수 있게 되자 그들의 행동이 극적으로 바뀌었다. 먼저 둘이 서로 볼 수 있을 때 용감한 물고기와 소심한 물고기 모두 개방된 장소로 나와 탐색하고 먹이를 먹는 시간의 비율이 높아졌다. 또 용감한 물고기는 둘이 같이 있을 때 움직임을 먼저 시작하고, 특히 상대방의 행동에 별로 신경 쓰지 않았다. 이에 비해 소심한 물고기는 움직임을 적게 주도하고, 대신 파트너를 충실하게 따라다녔다.

성격이 서로 다른 개인들이 사회적 상호작용을 하게 되면 성격 차이가 두드러져 리더십과 팔로워십 관계로 발전한다. 혼자 있을 때보다 무리를 지으면 용감한 개인은 리더가 되고, 소심한 개인은 팔로워가 된다. 용감한 개인은 혼자 있을 때보다 더 용감한 행동을 하게 되어 파트너로 하여금 팔로워십 특징이 나타나게 한다. 소심한 개인은 혼자 있지 않고 같이 있으면 파트너를 추종하게 되어 파트너로 하여금 리더십이 두드러지게 한다(Harcourt et al, 2009). 용감한 성격을 가지고 있다고 해서 바로 리더가 되는 것은 아니고, 사회적 상호작용을 통해 리더가 형성되었다.

한 가지 흥미로운 것은 리더가 될 확률은 팔로워 모집에 얼마나 성공적인가에 따라 달라진다. 예를 들어 수줍은 성격의 큰가시고기는 팔로워 모집에 실패하면 쉽게 리더가 되기를 포기한다. 반면 용감한 성격의 큰가시고기는 팔로워 모집에 실패하더라도 별로 신경 쓰지 않는다. 설령 따라오는 팔로워가 없더라도 쉽게 포기하지 않고 계속해서 탐색을 시도한다. 그러다 보면 뒤따르는 팔로워가 생기고 이 용감한 큰가시고기는 곧 리더가 된다. 용감한 개인이 리더가 되는 것은 팔로워 모집에 실패하더라도 계속 움직임을 주도하려 시도하기 때문이다(Nakayama et al, 2012).

리더의
조건

동물 사회에서는 과연 누가 리더가 될까? 많은 동물을 보면 용감한 성격을 가지고 있는 개인이 리더로 성장할 가능성이 크다. 강한 자일 수도 있고, 똑똑한 자일 수도 있으며, 현명한 자일 수도 있다. 또는 타고난 리더십을 가지고 있는 자일 수도 있고, 모두의 추앙을 받는 자일 수도 있다.

위계질서가 없는 동물 집단에서는 정보를 가지고 있는 개인이 무리의 움직임을 주도한다. 정보를 가지고 있는 개인이 먼저 행동하면 나머지 동물들이 이를 보고 따라 하게 된다. 정보를 가지고 있는 개인이 순간적으로 리더가 되어 먼저 행동을 취하는 이런 경우를 일시적 리더라 한다. 일시적 리더는 위계질서가 뚜렷한 사회에서도 언제든지 나타날 수 있다. 무리의 구성원이 포식자나 먹이의 정보를 알고 있으면 일시적 리더가 되어 나머지 구성원을 이끌 수 있다.

동물 사회에서 리더가 되는 가장 쉬운 방법은 신체적 능력, 즉 힘이다. 1부에서 침팬지와 늑대의 예를 들어 설명했던 것처럼 동물 사회에서는 힘을 바탕으로 리더가 되는 경우가 아주 많다. 신체적 능력이 있어야만 알파 암컷이나 알파 수컷이 되고, 또 그 지위를 누리고 지킬 수 있다. 여왕벌도 마찬가지다. 번데기에서 성충이 되었을 때 경쟁자가 있으면 경쟁자들끼리 싸워 이기는 벌이 진정한 여왕벌이 될 수 있다. 동물 사회에서 신체적인 능력은 리더가 되는 가장 쉽고 간단한 방법이다.

나이가 많은 개인도 리더가 될 수 있다. 코끼리의 경우를 보면 누구도 '내가 리더가 될 거야'라고 나서지 않는다. 나이가 많아져 경험이 쌓이면 자연스럽게 리더가 된다. 다시 말해 '나이=경험=지식'이라는 공식이 성립되면 리더가 될 수 있다. 여왕벌도 실제로는 태어나는 순서대로 리더가 되는 경우가 흔하다. 먼저 태어난 여왕벌이 자기보다 나중에 태어난 여왕벌, 즉 동생 여왕벌들을 모두 죽이기 때문에 결국 나이 많은 개인이 리더가 된다. 비교적 소규모 사회에서 어느 한 개인의 경험이 다른 모든 구성원의 경험의 합보다 클 때 나이가 많은 개인이 리더가 된다.

더 알아보기: 게임 이론

게임 이론과 전략

한 집단 내에서 개인의 행동은 다른 개인에게 영향을 미칠 수 있다. 리더와 팔로워가 좋은 예다. 한 개인이 리더가 되면, 대개의 경우 다른 개인들은 팔로워가 될 수밖에 없다. 보통 리더는 팔로워보다 사회적인 영향력을 통해 더 많은 성과를 챙길 수 있다. 이렇게 한 개인의 선택이 다른 개인의 성과에 영향을 미칠 때, 개인이 선택할 수 있는 최상의 전략을 게임 이론을 통해 분석할 수 있다. 여기서 전략은 게임에서 한 개인이 취하는 행동, 형태, 의사결정을 의미한다. 한 동물이 집단 내에서 리더 또는 팔로워가 되면, 리더 또는 팔로워라는 의사결정이 전략이라 할 수 있다.

내쉬 평형과 진화적 안정 전략

각 게임에서 참여자들이 최상의 결과를 얻기 위해 특정한 전략을 선택한다. 예를 들어 운전 게임에서 참여자들이 모두 오른쪽으로 통행하거나 아니면 모두 왼쪽으로 통행하면 최상의 성과를 얻는다. 이런 상태를 내쉬 평형Nash equilibrium 또는 진화적 안정 전략Evolutionarily Stable Strategy이라 한다(Rapoport, 1979; Maynard Smith, 1982). 내쉬 평형은 게임 이론의 가장 중요한 개념이며, 노벨 경제학상 수상자인 존 내쉬가 정립했다. 한

번 이 평형으로 들어가면 이 평형을 계속 유지하게 되는데, 그 이유는 게임의 참여자가 다른 전략으로 바꿔도 더 나은 결과를 얻지 못하기 때문이다.

진화생물학자인 존 메이나드 스미스[John Maynard Smith]와 존 프라이스[John Price]는 게임 이론을 진화생물학에 도입했고, 내쉬 평형을 진화적 안정 전략이라는 개념으로 발전시켰다. 한 전략 또는 한 벌의 전략들이 한번 개체군에 자리잡으면 다른 돌연변이 전략으로 대체되지 않을 때, 이 전략을 진화적 안정 전략이라 한다(Maynard Smith 1982). 여기서 돌연변이 전략은 돌연변이 또는 이주에 의해 개체군에 새로 생겨난 전략이며 보통 처음에는 빈도가 낮다. 만약 오랜 시간이 주어지면 개체군에서 여러 돌연변이 전략이 생겨날 수 있다. 그런데 한 전략이 현재의 다른 전략이나 앞으로 발생할 돌연변이 전략보다 우세하면, 그 전략은 최상의 전략이라 할 수 있다. 보통 내쉬 평형을 이룬 전략은 동시에 진화적 안정 전략이지만, 반드시 그렇지는 않다. 다음에 소개된 세 종류의 코디네이션 게임에서는 내쉬 평형을 이룰 때의 전략이 바로 진화적 안정 전략이다.

단일 전략과 혼합 전략

내쉬 평형 또는 진화적 안정 전략일 때 하나의 전략만 존재하면 단일 전략이고, 두 개 이상의 전략이 동시에 존재하면 혼합 전략이라 한다. 운전 게임이나 성 대결 게임에서 두 전략 모두 진화적 안정 전략을 이룰 수 있지만, 진화적 안정 전략일 때 개체군에는 한 가지 전략만 존재한다. 운전 게임에서 모든 운전자가 왼쪽 또는 오른쪽 통행을 선택할 수 있지만, 반드시 모두 같은 전략만 택해야 충돌이 없다. 따라서 운전 게임에서 진화적 안정 전략은 단일 전략이다. 성 대결 게임도 마찬가지로 부부가 동시에 야구장이나 영화관에 존재할 수 없고, 그중 한 곳에만 있어야 한다. 따라서 성 대결 게임에서 진화적 안정 전략은 단일 전략이다.

운전 게임과 성 대결 게임과는 달리 리더 게임에서 진화적 안정 전략은 리더와 팔로워가 동시에 존재한다. 리더-리더 또는 팔로워-팔로워 끼리만 있을 때의 성과보다 리더-팔로워 조합일 때 성과가 가장 높기 때문이다. 이렇게 진화적 안정 전략이 두 개 이상 동시에 존재하면 혼합 전략이라 한다.

리더와 팔로워 전략의 안정적인 평형

리더 게임의 진화적 안정 전략은 리더-팔로워 혼합 전략이다. 개체군 일부는 리더 전략을 취하고, 나머지는 팔로워 전략을 취하면 된다. 이런 혼합 전략은 두 가지 방법으로 가능하다. 첫 번째로 모든 개인이 단일 전략을 구사하고, 그중 일부는 리더, 나머지는 팔로워 전략을 취한다. 두 번째는 개인들이 혼합 전략을 구사하고, 한 개인이 리더 전략을 취할 확률은 p이고, 팔로워 전략을 취할 확률은 1-p이다. 두 번째 경우는 한 개인이 상황에 따라 리더 또는 팔로워 전략을 취할 수 있다는 점에서 흥미롭다. 혼합 전략은 리더와 팔로워 전략의 상대적인 빈도에 따라 결정된다. 예를 들어 리더 전략을 취하는 개인들이 많으면, 팔로워 전략을 취하는 게 유리하다. 마찬가지로 팔로워 전략을 취하는 개인들이 많으면, 리더 전략을 취하는 게 유리하다. 우리는 이것을 음성 빈도의존 선택negative frequency dependent selection이라 한다. 이 경우 리더와 팔로워 전략을 구사하는 개인들이 특정한 비율에서 안정적인 평형stable equilibrium을 이룰 수 있다.

안정적인 평형에서는 리더와 팔로워 전략을 취하는 개인들의 비율이 안정화된다. 만약 한 개체군에서 리더와 팔로워의 비율이 0.05:0.95라고 가정해보자. 여기서 리더의 비율이 높아지면, 리더와 리더가 서로 충돌하는 비율이 높아진다. 그러면 한 개인이 리더 전략을 선택했을 때 기대하는 성과가 낮아지게 되므로, 팔로워 전략을 선택하는 개인이 늘어나게 된다. 그러면 이 개체군의 리더 비율은 다시 0.05로 돌아가게 된다. 반대로 팔로워가 많아질 때도 다시 0.95로 돌아가려는 힘이 생긴다. 이렇게 개체군이 평형에서 벗어날 때 다시 평형으로 수렴하는 힘이 있으면 이것을 안정적인 평형이라 한다.

⎯ 더 알아보기: 코디네이션 게임 ⎯

집단을 이루어 사는 개인들은 서로 행동을 조정할 때 이익을 본다. 코디네이션 게임Coordination Game은 사회적인 집단에 사는 개인들이 서로의 행동을 조정하는 과정을 다루고 있다. 코디네이션 게임 중 운전 게임Driving Game, 성 대결 게임Battle of Sexes Game, 리더 게임Leader Game을 살펴본다.

운전 게임

우리나라에서는 운전할 때 우측통행right-hand traffic을 한다. 그렇지만 영국의 영향을 많이 받은 국가를 보면 좌측통행left-hand traffic을 하는 경우가 많다. 운전할 때 통행 규칙이 없다면 우리는 직관적으로 많은 혼란과 사고로 이어질 거라고 알고 있다. 만약 자동차 통행 규칙이 없는 신생국가에서 운전한다고 가정해보자. 조용한 시골길인데 왕복 2차선인 도로다. 운전자1은 우측통행을 할 수 있고, 좌측통행을 할 수도 있다. 운전자1은 고민하다가 우측통행을 하기로 했다. 그런데 맞은 편에서 오는 운전자2는 좌측통행을 하면서 달리고 있다. 이럴 경우 두 자동차는 충돌할 가능성이 크고, 생명이나 재산에 심각한 손해를 끼칠 수 있다. 만약 운전자1과 2가 모두 우측통행이나 좌측통행을 하면 둘은 사고 없이 안전하게 통과할 수 있다.

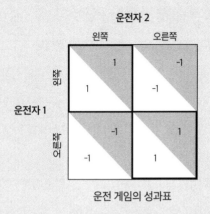

운전자 2

	왼쪽	오른쪽
왼쪽	1 / 1	-1 / -1
오른쪽	-1 / -1	1 / 1

운전자 1

운전 게임의 성과표

운전자1과 2가 선택할 수 있는 통행 방향의 조합과 거기에 따른 성과를 위와 같이 정리할 수 있는데, 이것을 성과표payoff table라 한다. 성과표는 운전자1과 2의 통행 방향의 조합과 거기에 따른 성과를 보여준다. 하얀 삼각형은 운전자1의 성과이고, 회색 삼각형은 운전자2의 성과다. 성과표에서 굵은 선으로 강조 표시된 사각형은 운전 게임에서 가장 좋은 성과의 조합을 보여주는데, 운전자1과 2가 같은 방향으로 선택할 때다.

운전자1은 왼쪽 또는 오른쪽으로 운전할 수 있고, 운전자2도 마찬가지다. 만약 운전자1이 왼쪽을 선택했고, 운전자2도 왼쪽을 선택했다고 가정해보자. 그러면 성과표의 왼쪽 위의 사각형에서 아래쪽 하얀 삼각형에 있는 숫자 1이 운전자1이 가져가는 성과고, 위의 회색 삼각형의 1이 운전자2가 가져가는 성과다. 운전자1과 2가 같은 방향을 선택했을 경우 둘은 충돌 없이 통행하고, 이들이 얻는 성과는 양수인 1이다. 만약 운전자1은 왼쪽을 선택하고, 운전자2는 오른쪽을 선택했다면 이 조합의 성과는 오른쪽 위의 사각형에 나타난다. 운전자1은 -1의 성과를 얻고, 운전자2도 -1의 성과를 얻는다. 운전자1과 2가 서로 다른 방향으로 통행하게 되면, 둘이 충돌할 수 있다. 따라서 이들은 손해를 보게 되고, 따라서 성과는 음수다.

운전 게임의 성과표를 보면 굵은 선으로 강조된 왼쪽 위의 사각형과 오른쪽 아래의 사각형이 가장 좋은 성과를 가지는데, 바로 운전자1과 2가 같은 쪽의 통행을 선택했을 경우다. 이 간단한 운전 게임은 집단에 있는 개인들이 서로 행동을 조정해 하나의 규칙을 따를 때 이익이 극대화함을 보여준다. 또 이런 이유로 이 신생국가는 교통 규칙을 제정한다. 이때 우측통행이나 좌측통행이나 상관없고, 어느 쪽이든 통행 규칙이 있는 상황이 없는 상황보단 훨씬 낫다.

여기서 소개한 운전 게임은 운전자가 둘뿐인 가장 단순한 상황이고, 실제는 훨씬 더 많은 운전자가 있다. 그럼 이 게임을 운전자가 더 많은 n-운전자 운전 게임으로 확대할 수 있다. 이 경우라도 결과는 똑같이 나오는데 모든 운전자가 왼쪽이든 오른쪽이든 한쪽으로 통행할 때 가장 높은 성과를 얻는다. 따라서 상호작용하는 많은 개인으로 이루어진 한 집단 내에서는 어느 한쪽으로 통행하는 규칙이 고정된다.

성 대결 게임

운전 게임은 게임의 결과로 각 운전자가 똑같은 성과를 누린다. 그런데 많은 경우 동등한 성과를 누리지 못하는 경우가 있다. 성 대결 게임이 대표적인 예인데, 여기 남편과 아내가 일과를 끝내고 저녁 시간을 같이 보내기로 했다. 그런데 남편은 야구 경기를 선호하고, 아내는 영화를 선호한다. 둘은 저녁 시간에 같이 만나 즐겁게 보낼 것을 약속했다. 그런데 둘은 만날 장소를 결정하지 않았고, 서로 통신할 방법이 없다. 핸드폰이 잘 발달한 요즘 시대에 이런 상황은 상상하기 힘들다. 그러나 불과 몇십 년 전만 해도 제약 없는 의사소통은 불가능했고, 리더십과 팔로워십도 이런 상황에서 진화했다.

성 대결 게임의 성과표는 남편과 아내의 선택 조합과 거기에 따른 성

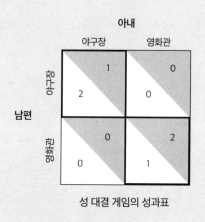

성 대결 게임의 성과표

과를 보여준다. 하얀 삼각형은 남편의 성과이고, 회색 삼각형은 아내의 성과다. 굵은 선으로 강조된 사각형은 성 대결 게임에서 가장 좋은 성과의 조합을 보여주는데, 아내와 남편이 같은 선택을 할 때다.

아내는 오늘 밤 보기로 한 영화가 정말 재미있다고 여러 차례 말했기 때문에 남편도 영화관으로 올 것으로 믿고 영화관에 갔다. 그런데 남편은 오늘 응원하는 팀이 플레이오프에 진출하는데 중요한 경기이므로 야구장으로 향했다. 이러면 아내와 남편은 서로 만나지 못하게 되고, 둘 다 0의 성과를 얻는다. 반대로 남편은 아내가 영화가 정말 재미있다고 말했던 것을 기억하고 영화관으로 갈 수 있다. 아내는 남편이 오늘 중요한 경기라는 말을 기억하고 야구장으로 향했을 수 있다. 이럴 경우도 둘 다 0의 성과를 얻는다. 그런데 아내는 좋아하는 영화관으로 향했고, 남편은 아내의 말이 기억나서 영화관으로 갈 수 있다. 그러면 남편과 아내는 같이 만나 영화를 관람할 수 있다. 그런데 이 경우 아내는 좋아하는 영화를 관람할 수 있어서 2라는 높은 성과를 얻는다(오른쪽 아래 사각형 안의 회색 삼각형). 반면 남편은 중요한 야구 경기 관람을 포기하고 영화를 봐야 하므로 아내보단 못한 1의 성과를 얻는다. 마찬가지로 남편은 중요한 경기를 보러 야구장으로 향했고, 아내는 경기의 중요성을 생각해 야구장으로 갈 수 있다. 이 경우 남편은 중요한 야구 경기를 관람할 수 있으니 2라는 높은 성과를 얻는다(왼쪽 위 사각형 안의 하얀색 삼각형). 반면 아내는 재미있는 영화를 포기하고 야구 경기를 관람해야 하므로 남편보단 못한 1의 성과를 얻는다.

운전 게임과 같이 성 대결 게임도 남편과 아내가 같은 조합을 선택하면 최상의 성과를 얻는다. 둘이 서로의 의사결정을 조정해 영화관이든 야구장이든 한 곳에서 만나면 같이 저녁 시간을 보낼 수 있고, 이 경우 의사결정을 서로 조정하지 않을 때보다 훨씬 더 좋은 성과를 얻는다(Cooper et al, 1989). 그렇지만 성 대결 게임에서 서로 의사결정을 조정해 같이 만난다 하더라도, 아내와 남편 모두에게 최상의 성과를 주지 못한다. 만약 부부가 야구장만 계속 가면 아내가 결국 불만을 터뜨릴 것이고, 부부가 영화관만 계속 가면 남편이 불만을 터뜨릴 것이다. 성 대결 게임에서는 어느 한쪽이 다른 쪽보다 높은 성과를 얻고, 따라서 운전 게임의 결과와 같이 어느 한 조합으로 고정되기 어렵다.

리더 게임

운전 게임이나 성 대결 게임에서는 참여자가 같은 전략을 선택했을 경우 최상의 결과를 얻는다. 그렇지만 리더 게임에서는 참여자들이 서로 다른 선택을 했을 경우 최상의 결과를 얻는다. 리더 게임에서 각 개인은 리더와 팔로워, 두 가지 전략을 취할 수 있다. 만약 둘 다 팔로워 전략을 선택하면 0의 성과를 얻고, 둘 다 리더 전략을 선택하면 -1의 성과를 획득한다. 리더 게임의 가장 좋은 결과는 참여자 둘이 서로 다른 전략을 취할 때고, 둘 다 양수의 성과를 기대할 수 있다. 그런데 성 대결 게임에서와 같이 참여자들이 최상의 선택을 했을 경우 돌아가는 성과가 참여자마다 서로 다르다. 리더가 팔로워보다 훨씬 많은 성과를 얻는다. 이 게임에서 리더는 팔로워보다 위험한 전략인데, 그 이유는 두 참여자 모두 리더를 선택하면 음수의 성과를 얻기 때문이다.

리더 게임의 성과표는 참여자1과 2의 선택 조합과 거기에 따른 성과를 보여준다. 하얀 삼각형은 참여자1의 성과이고, 회색 삼각형은 참여자2의 성과다. 굵은 선으로 강조된 사각형은 리더 게임에서 가장 좋은 성과의 조합을 보여주는데, 참여자1과 2가 서로 다른 선택을 할 때다.

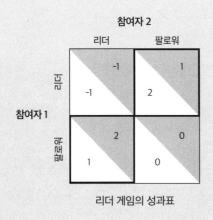

리더 게임의 성과표

118

실제로 서로 잘 모르는 두 참여자가 이 게임을 해보면 대부분은 0의 성과를 얻는다. 두 참여자가 안전한 팔로워 전략을 선택하기 때문이다. 만약 상대방이 팔로워를 선택할 수 있다는 기대를 할 수 있을 때만 한 참여자가 리더를 선택할 수 있다. 만약 두 참여자가 게임을 시작하기 전에 서로의 의도에 대해 의사소통을 할 수 있다면 이 게임에서 최상의 결과에 도달하기 쉽다. 실제 동물 개체군은 많은 수의 개인들로 구성되어 있고, 리더는 소수인 반면 팔로워는 다수다. 그럼 이 게임은 리더-팔로워의 혼합 전략이 이 개체군의 적응일 수 있다. 이 게임은 참여자가 둘 일 때고, 참여자가 이보다 많은 리더 게임을 진행할 수 있다. 이 경우에도 결과는 비슷하게 나온다.

정의로운 동물이 알려주는

불평등한 사회의 리더십

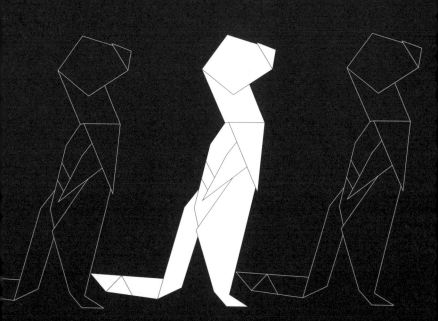

불평등한 사회를 안정적으로 유지하는 비결은
구성원에게 충분한 혜택을 제공하고,
질서를 무너뜨리는 무리를 단호하게 처벌하며,
서열 상승의 기준을 엄격하게 지키고,
미래에 대한 희망을 제시할 수 있는 강력한 리더십이다.

9

집단생활의 혜택은 불평등하게 분배된다

동료의 등을 떠미는
아델리펭귄

불공정과 불평등은 요즘 우리 사회에 팽배해 있는 커다란 화두 중 하나다. 동물의 세계에서도 불평등은 아주 중요한 이슈다. 동물은 불평등한 사회에서 참고 견디기만 할까? 불평등한 사회를 바꿔보려는 동물이 있을까? 불평등한 사회를 유지하는 리더십의 비밀은 무엇일까?

앞에서 집단생활의 장단점에 대해 살펴보았는데, 집단생활의 가장 큰 단점으로는 자원 분배, 감염의 위험, 그리고 구성원들의 욕구가 제각기 다를 수 있다는 점을 꼽을 수 있다. 집단 구성원이 사용할 수 있는 자원은 한정되어 있는데 그보다 더 많은 욕구가 존재한다면 그 한정된 자원에 대한 배분의 문제가 생긴다. 많은 경우 일부 소수가 좀 더 많은 혜택을 누리고, 구성원 대부분은 조금의 혜택을 누릴 가능성이 크다. 쉽게 말해 불평등한 사회다.

동물 사회에서는 평등한 사회보다 불평등한 사회가 훨씬 더 흔하다. 그럼 왜 불평등한 사회가 생성될까? 남극에만 서식하는 펭귄은 딱 두 종류인데, 하나는 황제펭귄Emperor penguin이고, 나머지 하나는 아델리펭귄Adelie penguin이다. 그중 아델리펭귄은 남극에서 가장 널리 분포하고 있으며, 눈을 둘러싼 하얀 무늬 때문에 까만 눈동자가 유독 더 또렷하게 보이는 특징을 가지고 있다. 키가 46~71센티미터 정도 되는데, 남극을 탐험하는 사람들이 가장 흔하게 보는 펭귄이 바로 이 아델리펭귄이다. 아델리펭귄은 모든 펭귄이 그렇듯이 육지의 조금 단단한 지반에 알을 낳고 양육한다. 하지만 먹이를 찾기 위해서는 모두 바다로 나가야 한다. 그런데 바다로 향한 펭귄들이 얼음 끝선에 도달하면 쉽게 물속으로 뛰어들지 않고 그냥 서 있는 모습을 볼 수 있다. 왜 그럴까?

물속에 무서운 표범물개가 도사리고 있기 때문이다. 표범

아델리펭귄과 표범물개 자료: (왼쪽) Clipart.com (오른쪽) Godot13, wikimedia

물개는 펭귄보다 덩치도 훨씬 크고 아주 빠르게 헤엄치며 매우 날카로운 이빨을 가지고 있어서 펭귄에게는 그야말로 최대의 포식자다. 이 포식자가 두려워서 펭귄들은 함부로 물속에 뛰어들지 못한다. 그래서 얼음 끝선에 도달해도 바로 뛰어들지 않고 많은 수의 펭귄들이 모일 때까지 기다렸다가 적당한 수의 무리가 형성되면 그제야 물속으로 뛰어든다.

그런데 아델리펭귄은 절대 자신이 가장 먼저 혹은 가장 나중에 물속으로 들어가려 하지 않는다. 그랬다가는 최대 포식자인 표범물개의 표적이 될 게 분명하기 때문이다. 무리의 중간쯤에 섞여 함께 물속으로 들어가는 것이 포식자로부터 표적이 될 확률이 적다는 것을 그들은 잘 알고 있다.

펭귄들의 이런 이기적인 행동은 남극 탐험가인 앱슬리 체리 개러드[Apsley Cherry-Garrard]가 1922년에 발표한 『세계 최악의 여행『The Worst Journey in the World』이란 책에 잘 묘사되어 있다. 체리 개러드는 남극을 탐험하는 도중 얼음 끝에 무리지어 서 있는 아델리펭귄 무리를 목격했다. 무리 뒤쪽의 펭귄들은 동료 펭귄들을 앞으로 밀고, 앞쪽의 펭귄들은 물속으로 빠지지 않으려 버티고 있었다. 무리의 수가 점점 늘어나는데도 누구도 먼저 물속으로 뛰어들지 않으려 버티며 서로를 밀치고 있었다. 그러다 급기야 동료 펭귄 한 마리를 바다로 떠미는 모습이 포착되었고, 밀쳐진 펭귄은 물속으로 풍덩 빠지고 말았다. 남아 있는 펭귄들은 그 모습을 지켜보며 물에 빠진 동료 펭귄이 포식자에게 잡혀 먹히는지 아닌지를 확인한 뒤 표범물개가 없다고 판단되자 그제야 다 같이 물속으로 뛰어들었다. 이 광경을 목격한 체리 개러드는 펭귄에게 이 같은 이기적인 면이 존재한다는 사실을 알게 되었다.

사회가 불평등한 근본적인 이유는 이기적인 개인들이 모여 있기 때문이다. 물론 혈연으로 엮인 사회는 이타성이 상호작용에 영향을 미칠 수 있다. 그러나 이타성도 절박한 현실 앞에 놓인 개인 앞에선 뒤로 물러설 수밖에 없다. 어느 사회라도 개인들이 모인 집단이기 때문에 이기성으로 사회를 조명해야 사회의 의사결정과 행동을 제대로 예측할 수 있다.

이기적
무리 효과

20세기 진화생물학자 윌리엄 해밀턴[William D. Hamilton]은 동물 집단을 '이기적 무리[selfish herd]'라고 말한다. 해밀턴은 앞서 혈연선택에 관해 설명하면서 언급했던 '해밀턴의 규칙'으로도 유명한 학자다. 많은 동물이 무리를 이루어 같이 이동하거나 먹이를 찾고, 포식자 방어를 한다. 이때 동물들의 움직임을 보면 놀랍도록 서로의 위치나 역할을 조정하는 것처럼 보인다. 그래서 동물들이 집단을 유지하는 근본 원리가 협력이라고 생각했다. 그러나 해밀턴은 특유의 통찰력으로 동물 집단은 기본적으로 이기적인 개인들이 각자 자신의 이익을 위해 모여 있다고 해석했다.

들판에 나 혼자 있고 어디선가 늑대가 공격해올 수 있다고 생각해보자. 그러면 나를 중심으로 360도 모든 방향이 나에겐 위험한 범위[domain of danger]다. 그런데 내 친구와 같이 있다면 나의 위험 범위는 반으로 줄어든다. 내 친구가 있는 쪽에서 늑대가 공격하면 친구가 먼저 당할 확률이 높기 때문이다. 만약 세 명이 같이 있다면 나의 위험 범위는 3분의

1로 줄어든다. 이렇게 개인은 자신의 위험 범위를 감소시키기 위해 다른 이들에게 접근하는데, 이때 개인은 무리에서 가장 안전한 위치를 얻기 위해 노력한다.

무리에서 가장 안전한 위치는 중심이다. 위험에 놓인 개인들은 무리의 중심으로 파고들려 하는데, 실제로는 이기적인 개인들이 무의식적으로 안전한 장소를 찾다 보니 나타나는 현상이다. 양떼나 소떼가 서로 잘 조절해 일정한 방향으로 같이 움직이는 것도 이런 이유에서다. 실제로 양들에게 위치추적기를 하나씩 매달아준 뒤 무서운 사냥개를 풀어놨다. 그런 다음 양들의 위치를 추적하자 양들은 모두 자기 주위에 있는 동료 양들 틈으로 끼어들었다. 각자 자신의 위험 범위를 최대한 줄일 수 있는 안전한 곳으로 찾아간 것이다(King et al, 2012).

그런데 무리 전체로 볼 때 이기적 무리 효과는 사실 손해다. 왜냐하면 아델리펭귄의 경우 그들의 포식자인 표범물개는 단기간에 제한된 수의 펭귄만 사냥할 수 있기 때문이다. 그리고 무리를 짓고 이동하더라도 일정한 수의 펭귄은 사냥당할 수밖에 없다. 결국 일정 수의 펭귄은 이래저래 희생당하고, 나머지 펭귄은 귀중한 사냥 시간만 소비한 셈이다. 무리 전체로 보면 손해를 보지만 이기적인 개인들이 서로 자신의 안위만 생각하기 때문에 얼음 끝선에서 이러지도 저러지도 못하고 시간만 낭비한다.

쏠림 이론

혈연관계가 없는 개인들이 모인 무리에서 이익은 결코 공평하게 배분되지 않는다. 뒤의 그림을 보면 원으로 표시된 개인들이 모여 있는 두 개의 무리가 있다. 왼쪽은 포식자 방어를 위해 모여 있는 무리이고, 오른쪽은 먹이를 찾는 무리다.

　왼쪽의 포식자를 방어하기 위해 모여 있는 무리 중 가장 안전한 개인은 누구일까? 가장 가운데 있는 커다란 세 개의 점이다. 그렇다면 가장 바깥쪽에 빙 둘러 있는 개인들은 왜 위험 범위가 넓은 그곳을 선택했을까? 무리를 위해 희생을 감수하는 것일까? 그렇지 않다. 이 개인들은 무리 안으로 파고들 힘과 능력이 없으므로 할 수 없이 바깥쪽에 있는 것뿐이다. 이 말은 곧 가장 안전한 무리의 한가운데에 있는 개인 셋은 힘과 능력이 월등하다는 것을 의미한다. 물론 무리 어

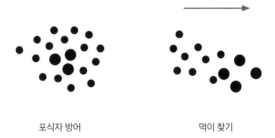

포식자 방어   먹이 찾기

나이 많고 경험이 풍부하고 몸집이 큰 개인이 집단생활의 가장 큰 혜택
을 얻는다. 화살표는 무리의 이동 방향이다.

디에 있든 혼자 있을 때보다 훨씬 안전한 것은 분명하다. 하
지만 무리 속에 있다 하더라도 안전한 개인과 조금 덜 안전
한 개인으로 불평등하게 나뉜다.

  그다음 오른쪽의 먹이를 찾는 무리를 한번 보자. 이 무리
는 왼쪽에서 오른쪽으로 이동 중이다. 그러면 이때 어떤 개
인이 가장 먼저, 그리고 가장 좋은 먹이를 차지할까? 바로
오른쪽 맨 앞에 있는 큰 점으로 표시된 개인들이다. 이들은
앞서서 먹이를 탐색하기 때문에 가장 먼저, 그리고 제일 좋
은 먹이를 골라 먹을 수 있다. 그리고 그 뒤를 따르는 개인
들은 앞선 개인이 선택하지 않은 먹이를 먹게 된다. 먹이를
찾아 이동하는 무리에서도 먹이 획득을 두고 사회는 불평등

하게 나뉜다.

무리의 이익은 결코 공평하게 배분되지 않는다. 집단생활에서 얻는 순이익은 개인 간에 차이가 있으며, 특정 개인에게 치중되는 경우가 많다. 대개 나이가 많고 경험이 풍부하고 몸집이 큰 개인이 집단생활에서 가장 큰 혜택을 누린다. 이것을 '쏠림 이론^Skew theory'이라 하며, 행동생태학자인 산드라 베렌캠프^Sandra Vehrencamp가 처음으로 제안했다.

쏠림 이론은 개인의 번식성공도에 대한 집단의 크기 효과를 고려했다(Vehrencamp, 1983). 집단이 작은지 큰지에 따라, 또는 집단 내 나의 위치가 어디에 있는지에 따라 개인의 번식성공도가 결정된다. 쏠림 이론에서 가장 중요한 것은 '누가 쏠림을 조절하는가' 하는 것이다. 다시 말해 어떤 개인이 더 많은 집단의 이익을 누리는지, 그리고 그런 개인이 무리를 완벽하게 조절할 수 있는지, 그렇지 않으면 도대체 집단은 어떻게 되는지를 연구한다.

10

불평등한 사회에서 안정을 찾는 흰동가리

철저한
서열 사회

불평등한 사회는 어떻게 유지될 수 있을까? 왜 팔로워는 불평등한 사회에서 이탈하지 않고 남아 있을까? 여기에 대해서는 지난 몇십 년 동안 다양한 동물 사회를 이용해 많은 연구가 이루어져왔다. 그 대표적인 동물로는 흰동가리와 미어캣을 꼽을 수 있다. 먼저 흰동가리에 대해 살펴보자.

흰동가리는 태평양과 인도양의 수심이 얕고 따뜻한 물에 서식한다. 우리가 잘 알고 있는 영화 〈니모를 찾아서〉의 주인공인 니모는 밝은 오렌지색 몸통에 흰 줄무늬가 있는 흰

말미잘에서 사는 흰동가리 무리

동가리다. 이런 모습이 꼭 광대와 비슷하다고 해서 흰동가리를 영어로는 광대물고기^{clownfish}라 부른다.

흰동가리를 가리키는 이름이 하나 더 있는데 그것은 말미잘물고기^{anemonefish}다. 이렇게 불리는 이유는 흰동가리가 보통 말미잘과 공생관계를 이루며 살아가기 때문이다. 말미잘은 촉수가 많이 뻗어 있고, 그 촉수에는 독침이 있다. 그래서 지나가는 물고기를 그 촉수로 마취시켜 잡아먹는다. 그런데 흰동가리는 피부에서 나오는 점액질 피복^{mucus coating} 때문에 말미잘의 독으로부터 안전하다. 그래서 흰동가리는 말미잘의 촉수를 누비며 말미잘의 보호를 받는다. 흰동가리도 말미잘의 기생자나 포식자를 내쫓아 말미잘을 보호해주고, 또 말미잘이 먹다 남긴 음식 찌꺼기를 주워 먹기도 한다. 흰동가리와 말미잘은 서로 도우면서 살아가는 상리공생관계mutualism다.

흰동가리 무리는 번식하는 암컷과 수컷이 있고, 번식하지 않는 흰동가리가 최대 네 마리까지 있을 수 있다. 흰동가리 무리는 크기로 우위 서열이 결정된다. 그래서 가장 크기가 큰 녀석은 번식하는 암컷이고, 두 번째로 큰 녀석은 번식하는 수컷이다. 번식하지 않는 흰동가리도 크기에 따라 순서대로 서열이 결정된다. 재미있는 점은 이 무리에서 암컷은 서열 1위인 한 마리뿐이고, 나머지는 모두 수컷이다.

흰동가리는 절대적으로 몸집의 크기에 따라 서열이 정해지는데 옆의 그림에서처럼 하급자의 몸 크기 비율은 바로 위 상급자의 90~95퍼센트 정도다. 그래서 만약에 두 번째 서열인 2번 비번식 흰동가리가 갑자기 몸집이 커지면 첫 번째 서열인 1번 번식 흰동가리는 2번 비번식 흰동가리를 공격해 무리에서 추방시킨다. 흰동가리 무리에서의 서열은 몸의 크기에 따라 매우 엄격하게 지켜진다.

무리에 한 마리뿐인 이 암컷이 죽거나 무리에서 사라지면 놀라운 일이 벌어진다. 두 번째 서열인 번식 수컷이 성전환을 해 암컷이 된다. 한 몸에 암컷과 수컷의 생식기가 다 있는 것을 자웅동체hermaphrodite라 한다. 흰동가리의 경우 순차적으로 암컷과 수컷의 생식기를 가지게 되므로 이것을 순차적 자웅동체sequential hermaphrodite라 한다. 그리고 나머지 번식하지 않던 수컷들도 서열 사다리를 한 계단씩 올라간다. 그래서 비번식 2번 수컷은 한 단계 올라가 두 번째 서열이 되면서 성전환을 한 암컷과 번식을 시작한다.

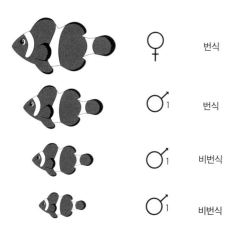

흰동가리 무리의 서열

흰동가리는 이렇게 서열에 따라 성 역할이 결정되며 필요하면 성을 바꿀 수 있는 능력도 갖추고 있다. 흰동가리 무리에서 번식하는 개인은 그 무리에서 가장 큰 두 마리만 가능한 매우 불공평한 사회다. 무리의 나머지 구성원은 서열의 변동이 없는 한 번식할 수 없다. 흰동가리 무리에서는 이렇게 특정 개인만이 무리를 형성함으로써 발생하는 대부분의 혜택을 독차지한다.

번식을 포기하더라도
무리에 남는 것이 이익

특정 개인에게만 무리의 모든 혜택이 쏠리면 나머지 개인들은 무리를 떠나는 것이 낫지 않을까? 무리를 형성함으로써 번식 흰동가리가 가져가는 이익에 비하면 비번식 흰동가리가 얻는 이익은 보잘것없다. 그렇지만 비번식 흰동가리가 비교할 대상은 번식 흰동가리가 아니고 무리가 없는 흰동가리다. 비번식 흰동가리는 무리에 있으면 적어도 포식자 방어가 용이하고, 또 먹이를 얻어먹을 수도 있다. 그래서 서열이 낮은 흰동가리는 무리에 남아 있을 때 집단생활의 이익을 누리게 된다.

무엇보다도 가장 중요한 혜택은 현재보다 미래에 있다 (Buston and Zink, 2009). 지금은 별 볼 일 없는 수컷이지만 미래에 서열이 상승하면 말미잘이라는 안전한 영역을 물려받을 수도 있고, 여기에서 번식도 가능하다. 이렇게 무리에 남아 있을 때 얻는 이익이 무리에서 떠날 때 얻는 이익보다 크다면 지금 당장 번식하지 못한다 하더라도 흰동가리는 무리에 남는 선택을 한다. 비록 지금은 천대받는 하급자에 불과하지만 무리에 남아 있을 강력한 이유가 존재한다.

그러면 번식 흰동가리는 왜 비번식 흰동가리들이 무리에 남아 있는 것을 허용할까? 사실 말미잘에게 정말 필요한 흰동가리는 번식하는 암컷과 수컷뿐이다. 비번식 흰동가리들이 무리에 존재할 때 번식 흰동가리가 얻는 이익은 뚜렷하지 않다. 한 가지 가능성은 비번식 흰동가리를 말미잘에서 내쫓는 비용이 내쫓지 않고 그대로 두는 비용보다 더 크기 때문이다.

만약에 흰동가리가 사는 말미잘이 모든 흰동가리에게 충분한 쉼터와 먹이를 제공한다면 번식 흰동가리는 굳이 비번식 흰동가리를 내쫓는 데에 에너지를 사용할 필요가 없다. 오히려 여러 마리의 흰동가리는 혹시 모를 포식자의 공격이 있을 때 희석 효과를 누릴 수 있다. 번식하는 두 마리보다 최대 여섯 마리까지 무리지어 같이 있으면 포식자의 공격이 있을 때 내가 당할 확률이 2분의 1에서 6분의 1로 줄어든다.

번식 흰동가리들이 비번식 흰동가리를 말미잘에서 같이 생활하도록 허용하지만, 비번식 흰동가리는 장래의 경쟁자로 돌변할 가능성이 있다. 그래서 번식 흰동가리들은 비번식 흰동가리가 몸집을 키우기 시작하면 강력하게 응징한다. 위에서도 설명했듯이 흰동가리는 하급자의 몸 크기가 한 단계 상위 서열자의 90~95퍼센트 정도인데, 서열이 낮은 흰동가리가 이 한도를 넘으면 공격당해 무리에서 내쫓기거나 심지어 죽임을 당하기도 한다.

비번식 흰동가리가 이렇게 작은 몸집을 유지하는 이유는 상급자의 견제보다는 상급자와의 먹이 경쟁에서 밀리기 때문일 거라고 가정해볼 수 있다. 만약 그렇다면 비번식 흰동가리가 번식 흰동가리의 간섭 없이 충분히 먹이를 확보하면 상급자 흰동가리를 밀쳐내고 서열이 상승하지 않을까? 이런 가설을 검증하기 위해 서열이 낮은 흰동가리에게 간섭

없이 좋은 음식을 제공해 몸집을 불릴 수 있도록 실험했다.

　그런데 실험 결과 서열이 낮은 개인은 한계치(90~95퍼센트)까지는 음식을 잘 먹어 몸집을 키웠지만, 이 한계에 도달하면 더 이상 음식을 먹지 않았다(Buston, 2003). 번식 흰동가리의 간섭이 전혀 없어도 비번식 흰동가리는 스스로 먹이의 양을 조절해 성장률을 줄이고 몸 크기를 일정하게 유지했다. 이 결과는 비번식 흰동가리가 몸집을 한계치 이하로 유지하는 이유가 먹이 경쟁보다는 상급자의 공격을 피하기 위해서라는 사실을 보여준다. 서열이 낮은 흰동가리 개인들은 무리에 남아 있기 위해 해야 할 일을 정확히 알고 있고, 그것을 지키기 위해 노력한다.

11

미어캣, 처벌과 당근을 통한 사회 통합

조직을 위해 희생하는
사막의 파수꾼들

칼라하리는 아프리카의 보츠와나, 나미비아, 잠비아, 짐바브웨에 걸쳐 있는 굉장히 넓은 사막이다. 어떻게 보면 사막이라기보다 사바나에 가깝다. 사바나는 사막처럼 건조하지만 군데군데 풀이나 나무 등의 초목이 존재하는 공간이다. 그리고 큰 나무 없이 확 트인 개활지이다 보니 어디에서든 움직임이 눈에 잘 띄어 독수리 같은 포식자들에게는 사냥하기에 딱 좋은 곳이다. 한 번의 비행으로도 누가 어디에서 무엇을 하고 있는지 대번에 파악할 수 있다.

파수꾼 미어캣   자료: Clipart.com

그리고 이 사막에 사는 굉장히 귀여운 포유류가 있는데 바로 미어캣이다. 뒷발로 땅을 딛고 몸을 똑바로 세워 망을 보는 모습은 우리가 잘 알고 있는 미어캣의 대표적인 행동이다. 사막의 특성상 포식자로부터 언제, 어떤 위협을 당할지 모르기 때문에 나와 무리의 안전을 위해 늘 감시하며 결코 경계를 게을리하지 않는다. 그래서 이 미어캣에 붙여진 이름이 '사막의 파수꾼'이다.

미어캣의 포식자로는 잔점배무늬독수리^{martial eagle}와 초원독수리^{tawny eagles}, 그리고 자칼 등이 있는데, 이 중 눈이 좋은 독수리는 멀리서도 미어캣의 존재를 알아차리고 공격을 시도한다. 만약 접근하는 포식자를 눈치 채면 파수꾼 미어캣은 즉시 개가 짖는 것 같은 경고음을 내 무리의 동료들에게 알린다. 그러면 근처에 있는 미어캣 새끼들이 일제히 안전한 굴속으로 피신한다.

미어캣은 몸무게가 1킬로그램도 채 되지 않는 작은 동물이다. 주로 곤충을 먹고 살지만 도마뱀, 뱀, 거미, 작은 포유류, 지네 등 가리지 않고 닥치는 대로 잡아먹는다. 심지어 전갈의 독에도 견딜 수 있어서 전갈도 잡아먹는다. 미어캣 무리는 어른이 스무 마리 이내, 그리고 그들의 새끼들로 구성되어 있다.

어른 미어캣 중에는 번식하는 알파 수컷과 알파 암컷이 있는데, 이들이 미어캣 무리의 리더다. 이 두 마리 외에는 모두 팔로워이며 이들은 이 무리에서 태어나고 자랐다. 그런데 일부 수컷은 외부에서 이입되기도 한다. 미어캣 사회에서는 리더 부부만 마음대로 번식을 할 수 있다. 비가 많이 와서 먹거리가 풍부하지 않은 이상 팔로워는 번식할 기회가 거의 없다. 그러므로 미어캣 사회는 번식적인 측면에서 대단히 불평등하다.

미어캣 사회가 제대로 작동하기 위해서는 사실 팔로워들이 이타적으로 행동해야만 가능하다. 팔로워는 주로 파수꾼 역할을 하거나 먹이 활동을 한다. 그리고 굴에 남아 새끼를 돌보는 유모 역할을 하는 미어캣이 있다. 팔로워가 파수꾼 역할을 하거나 리더를 도와 새끼를 돌보는 일은 무척 에너지가 많이 드는 일이다.

미어캣 무리가 사냥을 나간 사이 일부 팔로워들은 미어캣 굴에 남아 새끼들을 돌보고 파수꾼 역할도 도맡아 한다. 이때 팔로워들의 에너지는 급격히 소모된다. 사냥을 나간 미어캣들은 12시간 동안 몸무게가 5.9퍼센트 정도 늘어나는 반면, 굴에 남아 새끼들을 돌보는 미어캣들은 몸무게가 1퍼센트 정도 줄어든다. 한 번식기 내에 가장 많이 새끼를 돌본 미어캣은 몸무게가 무려 11퍼센트까지 줄어들기도 한다 (Clutton-Brock et al, 1998).

팔로워가 무리를 위해 들이는 노력은 비용이 많이 들며, 일부 팔로워는 피 한 방울 섞이지 않은 리더의 새끼들을 위해 희생을 감수하기도 한다. 미어캣 사회가 제대로 기능하며 유지될 수 있는 것은 팔로워들의 희생이 있기에 가능한 일이다.

리더는 왜
냉철해야 하는가

팔로워 미어캣이 무리를 위해 큰 노력을 하기는 하지만 이들도 가끔은 이익을 차릴 때가 있다. 일부 암컷 팔로워는 임신해서 자기의 자식을 낳으려고 한다. 팔로워 암컷이 임신하면 무리를 위해 도움을 주지 않고 자신과 자신의 새끼들을 위한 행동을 하게 된다. 그래서 알파 암컷은 출산하기 한 달 전부터 일부 암컷 팔로워들을 괴롭히기 시작한다. 이미 임신한 팔로워 암컷이나 임신할 확률이 높은 팔로워 암컷이 알파 암컷의 표적이다. 그리고 이런 괴롭힘은 알파 암컷이 출산할 때까지 계속된다. 설사 팔로워가 자기 친딸이라 하더라도 용서하지 않는다.

만약 팔로워 암컷이 임신을 하면 알파 암컷은 이들을 무리에서 내쫓기도 한다(Young et al, 2006). 임신하면 평소보다 더 많은 먹이를 먹고 에너지를 축적해야 하는데 주변을 감시하는 데에 대부분의 시간을 쓰다 보니 엄청난 스트레스에 시달리게 되는 것이다. 그래서 무리에서 쫓겨나면 스트레스 호르몬이 급격히 증가하게 되고, 그러면서 많은 경우 유산을 하게 된다. 유산한 미어캣은 다시 무리로 복귀할 수 있다.

팔로워 암컷이 임신하면 선택의 여지가 별로 없다. 무리에서 나가든지, 아니면 유산을 하고 계속 남든지 둘 중 하나를 선택해야 한다. 그런데 많은 경우가 유산을 하고 다시 무리에 남는 쪽을 선택한다. 너무 불공평하지만 무리에서 나가면 더 큰 위험이 도사리고 있기 때문이다. 어쩔 수 없이 무리의 규칙을 지키며 협력하는 것이 팔로워 암컷이 생존할 수 있는 최상의 방법이다.

그런데 만약에 알파 암컷이 이렇게 냉철하게 행동하지 않고 임신한 팔로워를 그대로 둔다면 어떻게 될까? 이럴 때 임신한 팔로워 암컷은 알파 암컷의 새끼들을 공격하거나 죽이고, 심지어 잡아먹기도 한다. 그래서 리더의 새끼들이 태어날 때 팔로워가 임신중이면 리더 새끼들의 생존 확률이 50퍼센트 정도 떨어진다. 그러므로 미어캣 리더는 무리에서 암컷들이 임신하지 못하도록 엄격하게 관리한다. 이것이 미어캣 알파 암컷의 가장 큰 리더십이자 무리를 유지하는 비결이다.

미어캣 리더는 무리를 유지하기 위해 팔로워 암컷이 임신하지 못하도록 미리 방지함으로써 분란이 일어나지 않게 하고, 구성원들이 모두 무리 전체를 위해 일하도록 한다. 냉철하긴 하지만 무리의 생존을 위해 리더로서 가장 좋은 선택을 하는 것이다. 미어캣 리더는 조직의 생존과 번영이 이런 냉철한 리더십과 구성원들의 협력을 바탕으로 이루어진다는 것을 잘 알고 있다.

이익이 뚜렷하면
떠나지 않는다

왜 팔로워 미어캣은 희생을 감수하면서까지 무리를 위해 일할까? 그 이유는 미어캣이 혼자 살아갈 때보다 무리에서 살아갈 때의 생존 가능성을 따져보면 쉽게 이해할 수 있다. 사막과 같이 척박한 환경에서 미어캣의 생존 비결은 사회생활이다. 미어캣이 사는 아프리카의 사막은 먹이를 구하기 힘들고, 포식자들도 아주 많다. 이런 환경에서는 미어캣 혼자 살아가기가 몹시 어렵다.

게다가 무리의 크기가 클수록 돌아오는 혜택도 크다. 그래프에서 보듯이 무리의 크기가 크면 클수록 보초를 서는 시간이 줄어든다. 당연히 돌아가면서 보초를 설 때 인원이 많을수록 보초 서는 시간과 횟수가 줄어들기 때문이다. 그리고 무리의 크기가 크면 클수록 어른의 사망률도 줄어든다 (Clutton-Brock et al, 1999). 보초 서는 비율이 줄어들면 더 많은 시간을 밖에 나가 먹이를 찾을 수 있기 때문이다. 무리의 크기와 번성이 밀접하게 관련되어 있다는 것을 알기 때문에, 리더는 외부에서 미어캣 수컷이 들어오면 이들을 내치지 않고 잘 받아준다.

팔로워 미어캣이 무리를 위해 협력하는 또 다른 이유가 있다. 언젠가 리더가 사라지거나 죽으면 팔로워 중 하나가

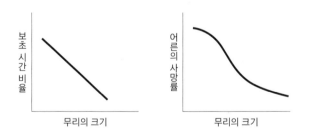

무리가 클수록 포식자 경계에 유리하고, 따라서 어른의 사망률도 줄어든다.

리더가 된다. 리더의 여러 딸 중 한 마리와 외부에서 온 수컷 중 한 마리가 리더 부부가 되는 것이다. 그러므로 팔로워는 무리가 번성하면 언젠가 번식할 기회가 돌아올 수 있다. 이런 번식의 기회도 무리 밖에서는 찾기 어렵다.

조직의 생존과 번영은 구성원들의 협력을 바탕으로 한다. 그래서 협력의 이익이 구성원 모두에게 골고루 돌아갈 때 구성원들이 무리에 남아 있을 이유가 분명해진다. 그러나 미어캣 사회처럼 협력의 이익이 몇몇 개인으로 쏠리면 팔로워들은 무리에 남아 있을 이유가 없다.

이렇게 불평등한 사회에서 미어캣 리더는 어떻게 무리를 이끌어나갈까? 미어캣 리더는 무리 전체의 이익을 위해 팔로워가 비협조적인 행동을 하면 단호하게 처벌한다. 개인적인 행동으로 발생하는 이익보다 처벌받음으로써 발생하는 비용을 더 크게 만들면 협력이 가장 좋은 전략이 된다(Frank, 2003). 개인은 처벌로 인한 비용이 많이 들면 남의 행동과 상관없이 협력하는 것이 최상이다.

그렇지만 처벌만으로는 팔로워의 무리 이탈을 막을 수 없다. 팔로워는 혼자 살아갈 때보다 무리에서 살아갈 때 생존확률이 훨씬 높다. 또 팔로워는 지금은 무리를 위해 희생하지만 미래에는 자신이 무리의 주인이 되어 번식할 기회를 가질 수 있다. 미어캣 리더는 팔로워들이 무리를 위해 협력해야 할 이유를 충분히 제공해 팔로워가 무리에 남도록 한다. 구성원 모두가 협력할 때만 사막과 같이 험난한 환경에서 살아남을 수 있다는 사실을 미어캣 리더는 잘 알고 있다.

불평등한 사회의 리더십

리더의 능력이 부족하면
사회는 불안정해진다

만약에 리더가 완벽하게 조절하지 못한다면 그 사회는 어떻게 될까? 이 질문에 대한 답을 찾기 위해서는 줄무늬몽구스에 대해 알아볼 필요가 있다. 미어캣과 줄무늬몽구스는 매우 유사하다. 서로 사촌 간이라고 할 정도로 사는 장소도 비슷하고, 생활방식도 비슷하고, 사회 모습도 비슷하다. 하지만 알파 암컷의 지배력과 그에 따른 사회 유지 면에서 두 종간에 차이점이 존재한다.

적응에 관한 강력한 연구 방법으로 비교 연구법comparative

approach이 있다. 서로 다른 종들은 각자의 물리적이고 사회적인 환경에 맞춰 진화했다. 만약 두 종의 행동에 차이점이 있다면, 두 종의 서로 다른 행동이 어떻게 물리적이고 사회적인 환경을 반영하는지 들여다볼 수 있다. 그렇지만 이때 진화적으로 가까운 두 종을 비교해야 한다. 그 이유는 두 종이 대부분의 형태, 행동, 생태 형질에서 유사하고, 우리가 관심 있는 특정 형질에서만 차이가 나야 정당한 비교가 가능하기 때문이다.

줄무늬몽구스 사회는 미어캣 사회보다 조금 더 복잡하다. 8~40마리의 어른이 집단을 이루며, 여러 마리의 암컷이 번식한다. 한 마리의 알파 암컷과 한 마리의 알파 수컷만이 번식하는 미어캣 무리와는 차이가 있다. 보통 줄무늬몽구스 사회에서는 한 마리에서 다섯 마리 정도의 나이 많은 암컷이 번식하며, 동시에 여러 마리의 암컷이 발정하고 출산한다. 그러면 그중 누구의 새끼가 가장 생존율이 높을까? 당연히 알파 암컷의 새끼가 생존 확률이 가장 높다.

줄무늬몽구스 사회도 협력 행동이 잘 발달해 있어서 모든 어른이 공동 육아에 참여한다. 무리의 어른들이 먹이 활동을 하러 밖으로 나가 있는 동안 남아 있는 몇몇 어른들은 새

줄무늬몽구스

자료: Clipart.com

끼들을 돌본다. 줄무늬몽구스들이 새끼들을 돌보는 방법은
특이하게도 일대일 호위escorting 방식이다. 새끼 한 마리당
어른 한 마리가 딱 붙어 다니며 집중적으로 돌본다. 무리에
위험이 닥치면 각자가 맡은 새끼를 보호하거나 위험에 처한
새끼를 구해낸다.

줄무늬몽구스 사회는 미어캣 사회와 달리 알파 암컷 외에
다른 암컷도 임신과 출산을 할 수 있고 새끼를 기를 수도 있
다. 하지만 미어캣 사회처럼 나이 든 알파 암컷은 젊은 암컷
들이 무조건 번식하도록 그냥 놔두지 않으며, 강제로 퇴거
시킬 수도 있다. 하급자 암컷들이 절대 자발적으로 무리에

서 나가는 경우는 없으므로 나이 든 암컷이 젊은 암컷을 물고 쫓아다니며 괴롭히기도 하고, 출산하면 심지어 새끼를 살해하기도 한다. 이렇게 괴롭힘이 너무 심하면 어쩔 수 없이 무리에서 나가는 경우가 있다.

주로 번식 갈등 시기에 이런 퇴거가 일어나는데 가끔은 많은 수의 젊은 암컷들이 무리를 떠나는 일이 벌어지기도 한다. 알파 암컷과 하급자 간의 충돌이 해결되지 않고 하급자들의 저항이 거세져 대거 무리를 이탈하면 그 집단은 크기가 줄어들어 안정을 잃게 된다. 무리의 크기가 줄어들면 알파 암컷에게도 타격이 생길 수밖에 없다.

이렇게 리더가 완벽하게 무리를 조절하지 못하면 개인은 계속해서 집단생활을 해야 할지 말아야 할지를 저울질하게 된다. 무리에서 사는 것보다 무리를 벗어나 사는 것이 더 유리하다고 결정을 내리면 하급자들은 그날로 무리를 떠난다. 줄무늬몽구스 사회에서는 상급자, 즉 알파 암컷과 하급자들이 서로 분쟁의 줄다리기를 하며 살아간다고 보면 된다 (Cant et al, 2010). 상급자가 이길 수도 있고 하급자가 이길 수도 있는데 만약 상급자가 너무 세면 하급자들이 단체로 무리를 떠날 수 있다. 그렇게 되면 집단의 크기가 확연히 작

아져 포식의 위험에 쉽게 노출된다. 그리고 그 사회는 불안
정해질 수밖에 없다.

불평등한 사회의
4가지 절대적 리더십

흰동가리, 미어캣, 줄무늬몽구스의 불평등한 사회에 대해 살
펴보았는데 이렇게 불평등한 사회가 제대로 작동하고 유지
되기 위해서는 다음 네 가지 절대적인 리더십이 필요하다.

첫째, 하급자에게 충분한 혜택을 제공해야 한다. 그래야
만 하급자들이 무리를 떠날지 남을지를 결정할 때 무리에
남는 쪽을 선택하게 된다. 그것이 리더에게도 이익이다.

둘째, 비협조적인 하급자를 단호하게 처벌해야 한다. 질
서를 깨뜨리고 무리를 와해시키는 짓을 하는 하급자를 처벌
하지 않으면 무리가 온전하게 유지되기 어렵다.

셋째, 엄격한 서열 상승 기준이 있어야 한다. 하급자에게
충분한 혜택을 제공한다 하더라도 반드시 무리에 남는다는
보장이 없다. 하급자들이 앞으로 어떤 서열 순위로 상승할

수 있는지에 대한 명확한 기준과 확신을 주어야 한다.

넷째, 미래에 대한 희망을 제시해야 한다. 낮은 확률의 가능성이라도 미래에 대한 희망이 분명하게 주어져야만 하급자들은 무리에 남는 선택을 한다.

── 더 알아보기: 이기적 무리 ──

윌리엄 해밀턴은 동물들이 무리를 짓는 근본적인 이유를 이기성이라고 설명한다(Hamilton, 1971). 예를 들어 아래 그림처럼 A, B, C, D의 양이 있다. 그리고 이 무리에 늑대가 나타났는데 늑대는 접근하는 방향에서 가장 가까운 양을 공격한다고 가정해보자. 그럼 각각의 양은 상대적인 위치에 따라 늑대에게 공격당할 확률이 결정된다. 가장 근처에 있는 두 양의 거리가 멀리 떨어져 있으면 모두 공격당할 범위가 넓고, 거리가 가까우면 그만큼 공격당할 범위가 좁다. 따라서 각각의 양 밑에 그려진 선이 그 양의 위험범위domain of danger이다. 이 범위에 늑대가 들어오면, 그 범위에 있는 양을 먼저 공격하게 된다.

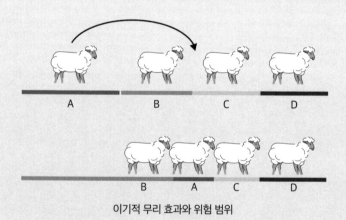

이기적 무리 효과와 위험 범위

그런데 만약에 위험 범위가 가장 넓은 양 A가 늑대의 공격이 두려워 그림에서처럼 자신의 위치를 슬쩍 B와 C 사이로 옮겼다고 해보자. 그러면 A의 위험 범위는 그림처럼 확연하게 줄어들고 그 대신 B의 위험 범위는 엄청나게 늘어난다. A의 입장에서는 이전과 비교해 더할 나위 없이 안전해진 셈이다.

이렇게 무리 내에 있는 동물은 동료를 포식자에 대한 방패막이로 사용하려 한다. 따라서 동물들은 안전을 위해 무리를 형성하지만, 그 무리 내에서도 더 안전한 위치를 차지하기 위해 개인들은 계속 무리 내에서 이동을 시도한다.

똑똑한 동물이 알려주는

불확실한 상황에 필요한 리더십

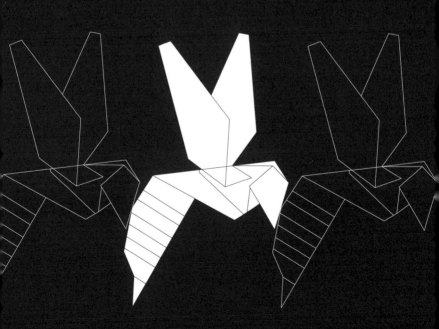

리더십의 본질은 의사결정에 있다.

불확실한 상황에서는 다양한 정보 획득과 정확한 판단을

가능하게 하는 분산성 리더십이 최상이다.

13

리더십의 본질은 의사결정이다

모든 생명체는
의사결정을 한다

동물은 항상 의사결정을 한다. 어디로 가야 하는지, 언제 가야 하는지, 무엇을 먹어야 하는지, 어떻게 먹이를 포획해야하는지 등등 동물의 삶은 의사결정의 총합이라 할 수 있다. 의사결정을 동물만 하는 것은 아니다. 식물은 물론이고 심지어 가장 간단한 생명체라 할 수 있는 세균도 의사결정을 한다. 대장균은 사람과 포유류의 장내에 기생하고 있는 세균 중의 하나다. 이 대장균에 먹이와 같은 유인제와 혐오감을 줄 수 있는 기피제를 동시에 제공했다. 그러자 대장균은 유인제와 기피제의 농도를 측정해 가까이 접근하거나 아니면 멀리 물러났다(Adler and Tso, 1974). 만약 기피제보다 유인제의 농도가 적당히 높으면 접근해 먹이를 섭취하고, 그 반대면 먹이를 포기하고 회피했다.

이 결과는 대장균도 주변 환경과 체내의 정보를 고려해 여러 선택지 중 하나를 결정하는 의사결정 체계가 있음을 의미한다. 대장균의 이런 행동은 대부분 동물이 포식자의 위험을 계산하면서 특정한 장소나 시기에 따라 먹이 활동을 할 것인지 결정하는 의사결정 과정과 크게 다르지 않다. 그래서 과학철학자 칼 포퍼Karl Popper는 "사고 과정의 진화는 아메바에서부터 아인슈타인까지 그저 한 단계일 뿐이다"라고 말했다(Popper, 1999).

집단생활은 포식자 방어나 먹이 획득의 이익을 제공하는데, 이것은 구성원들이 서로 행동을 조정할 때 가능하다. 예를 들어 집단생활을 하는 사자가 사냥을 나갈 때 일부 암컷은 남아서 어린 새끼들을 보호해야 한다. 또 사냥할 때도 대형을 형성해 각자의 임무를 수행해야 먹이를 포획할 수 있다. 따라서 구성원들에게는 각자의 행동을 조정하기 위해 의사결정이 필요하다.

집단의 중요한 의사결정은 주로 리더가 수행한다. 한 리더의 의사결정은 자신뿐만 아니라 무리 전체에게 영향을 미친다. 리더의 올바른 의사결정은 집단을 위험에서 구할 수도 있고, 무리를 배불리 먹게 할 수도 있다. 예를 들어 코끼리 가모장이 오늘은 어느 장소에서 먹이 활동을 하겠다고 결정하고 행동에 옮기는 것은 바로 리더십을 발휘하는 것이다. 마찬가지로 늑대나 침팬지 무리가 오늘은 평소에 눈엣가시 같은 이웃 무리로 가서 공격해야겠다고 결정을 내리는 것도 리더십이다. 리더의 의사결정은 집단 활동의 순간적인 방향을 결정한다. 따라서 리더십의 본질은 의사결정이라 할 수 있다.

집단의 의사결정에 리더의 영향이 중요하지만 모든 의사결정을 리더가 내리는 것은 아니다. 의사결정에 필요한 모든 정보를 리더가 가지고 있지 않기 때문에 리더는 특정 사항에 대해 의사결정 과정에 참여하지 않고, 집단의 다른 주체가 의사결정을 하도록 한다. 만약 여럿 또는 다수가 의사결정을 한다면 최종 결정에 도달하게 하는 의사결정의 방식도 중요하다. 그런데 구성원이 추구하는 목적이 서로 다르다면 집단은 의사결정 과정에서 분열될 수 있다. 따라서 의사결정의 목적은 집단의 의사결정 과정을 이해하는 데에 중요하다.

집단의 의사결정은 구성원들의 목적이 같을 경우와 구성원들의 목적이 다를 경우가 있다. 집단의 구성원은 나이, 성별, 혈연 또는 사회적 지위에 따라 현재 추구하는 목적이 다를 수 있는데, 이 경우의 의사결정은 5부에서 다루도록 하겠다. 집단이 공통된 목적이 있는 경우는 포식자의 위협에 직면하거나, 구성원 모두가 같이 지낼 둥지를 찾는다거나, 또는 구성원 전체가 필요로 하는 먹이나 먹이터를 찾을 때다. 이 경우 최상의 의사결정은 다양한 정보를 확보할 수 있는 능력과 이 중 가장 좋은 선택지를 고를 수 있는 능력에 달려 있다(Couzin et al, 2005).

집단 전체가 공통의 목적이 있다면 의사결정은 쉬울 수 있다. 그런데 반드시 그렇지만은 않다. 최상의 의사결정은 정보의 정확성에 달려 있다. 동물은 늘 변화하는 환경에서 살아간다. 매년 기후와 날씨를 예측하기 어렵고, 그에 따라 주변 서식지의 환경조건이 바뀐다. 또 그 안에 사는 먹이, 포식자, 기생자, 그리고 질병 등의 출현이 매년 다르다. 만약 이런 환경에 대한 정보가 불확실하다면 그 정보에 바탕을 둔 의사결정은 최상을 기대하기 어렵다.

인간 역시 크든 작든 늘 의사결정을 하며 살아간다. 우리 인간도 의사결정을 할 때 가장 어려운 경우가 불확실한 상황일 때다. 우리가 사는 환경이나 사회는 늘 불확실성으로 가득 차 있다. 그래서 우리의 고민도 끝이 없다. 어떤 결정을 내려야 나에게 유리할지, 어떤 선택을 해야 손해를 보지 않을지 등등 이런 고민 앞에 사람들은 늘 갈등한다. 특히 하나의 의사결정이 집단 전체의 명운을 가를 때 의사결정자는 깊은 고민에 빠질 수밖에 없다.

그렇다면 동물들은 불확실성이 가득하고, 무리의 명운이 달린 중대한 의사결정을 어떻게 할까? 이것이 이번 4부에서 다룰 이야기의 주제다.

집단 지성

불확실한 상황에서 내릴 수 있는 최선의 의사결정 과정은 집단 지성을 이용하는 방법이다. 영국의 유전학자이자 찰스 다윈의 사촌이기도 한 프랜시스 골턴^{Francis Galton}은 어느 날 시골 장에 갔다가 그곳에서 사람들이 모여 황소의 무게를 두고 내기를 거는 것을 보았다. 황소의 무게를 가장 근접하게 맞히는 사람에게 상금을 주는 내기였다. 모인 사람들이 각자 자신이 추측하는 황소의 무게를 써냈는데 자그마치 787명의 사람이 내기에 도전했다.

장이 끝나고 집에 돌아온 골턴은 787명이 적어낸 추측치를 모두 더해 평균을 내보았다. 개개인의 추측 값은 변동 폭이 상당히 컸지만, 모든 추측 치의 평균값은 실제 황소의 체중과 놀라울 정도로 근접했다. 실제 황소의 무게는 1,198파운드였고, 787명의 사람이 써낸 전체의 평균값은 1,197파운드로 불과 1파운드(0.45킬로그램) 차이밖에 나지 않았다. 우리는 이것을 집단 지성 혹은 대중의 지혜라고 한다. 과연 동물들도 이와 같은 집단 지성을 이용해 의사결정을 할까? 이 의문에 대해 처음에는 말도 안 되는 소리라고 일축했다. 집단 지성을 바탕으로 의사결정을 할 수 있는 것은 인간뿐이라고 생각했기 때문이다.

허버트 프린스Herbert H. T. Prins는 탄자니아에서 아프리카들소를 대상으로 연구했다. 아프리카들소 무리는 주로 암컷과 새끼들로 구성되어 있으며, 수백 마리의 들소들이 무리 지

아프키카들소는 초식 활동 장소를 결정하기 위해 각자의 의사를 표현하는데, 이때 누웠다가 일어나 특정 방향을 응시하고 다시 눕는 행위를 반복한다.

어 함께 생활한다. 뜨거운 한낮에는 주로 휴식을 취하고, 해가 지기 전 어둑해질 무렵에 일어나 먹이 활동을 준비한다. 그런데 이때 무조건 아무 곳에나 가서 초식 활동을 하는 것이 아니라 장소를 정하기 위해 투표한다. 우리가 점심시간이 되면 어떤 식당에 가서 어떤 음식을 먹을지를 정한 다음 움직이는 것과 같다.

먼저 누워 있던 들소가 일어난 다음 고개를 높이 쳐들어 한쪽 방향을 응시했다. 그런 다음 다시 눕는다. 그러면 또 옆에 있는 들소가 일어나 고개를 쭉 쳐들고 한쪽을 응시했 는데, 이렇게 들소들은 일어났다가 눕기를 반복하면서 한쪽 을 계속해서 응시했다. 그런 다음 들소 무리는 그 응시한 방향으로 이동했다. 허버트 프린스는 처음에는 아프리카들소 들이 무엇을 하는 것인지 정확히 알지 못했다. 좀 더 자세히 관찰한 결과, 그것이 초식 활동하는 장소를 정하기 위해 투표하는 것이라는 사실을 알게 되었다(Prins, 1996).

허버트 프린스는 과연 이것이 집단의 의사결정 과정인지 를 확인하기 위해 여러 차례 이 과정을 지켜보며 기록한 뒤 평균을 내보았다. 그러자 들소들은 무리의 개체들이 응시한 방향으로 먹이 활동을 하러 이동했다. 결국 들소 무리의 이동 방향은 응시한 방향으로 예측할 수 있었다. 개체들은 이 렇게 응시를 통해 어디서 초식 활동을 할지 투표하고, 합의 가 있으면 그 장소를 향해 출발한다. 이를 통해 동물들도 인 간처럼 민주적인 방식으로 투표를 통해 의사를 결정하는 합의 의사결정consensus decision making이 가능하다는 것을 확인할 수 있었다.

이렇게 민주적인 합의 의사결정을 하는 동물들은 아프리

168

카들소 말고도 여러 동물에서 발견되었다. 큰고니 역시 휴식을 취한 뒤 이동하기 전에 어느 방향으로 갈 것인지를 개체마다 머리를 움직여 의사결정을 한 뒤 합의가 되면 그 방향으로 움직인다. 이외에 꿀벌이나 개미도 민주적인 합의 의사결정을 하는 대표적인 동물이다. 개미와 꿀벌의 의사결정 과정이 어떻게 나타나는지 다음 장에서 자세히 살펴보도록 하겠다.

불확실한 상황에서 필요한 꿀벌의 리더십

벌집은 월동을 위해
중요하다

꿀벌은 알면 알수록 놀라운 곤충이다. 꿀벌의 놀라움은 특히 우리 눈에 잘 띄지 않는 겨울에 더 잘 알 수 있다. 우리가 사는 온대 지역에서 겨울에는 꿀벌을 보기가 쉽지 않다. 꿀벌뿐만 아니라 거의 모든 곤충이 우리의 눈앞에서 사라진다. 당연히 추위 때문이다. 많은 곤충이 추운 곳에서는 살아남기 어렵다. 그래서 곤충은 겨울 동안 자신이 생각하기에 가장 따뜻하고 안전하다고 판단되는 곳에서 알, 애벌레 또는 성충의 형태로 월동한다. 월동하는 동안 곤충은 움직임이 없고, 체내의 대사 활동도 거의 멈춘 상태로 보낸다.

그런데 꿀벌은 사람처럼 벌통에서 활동하면서 겨울을 난다. 벌집 밖의 기온이 영하로 떨어져도 무리의 가장 안쪽 온도는 27도 정도로 매우 높다. 무리의 바깥쪽은 상대적으로 조금 낮은 8~9도 정도다. 꿀벌들은 스워밍swarming을 하며 서로의 온기에 의존해 겨울을 보내는데, 황제펭귄 수컷들이 남극에서 겨울을 보내기 위해 서로 촘촘히 밀착하는 허들링huddling과 비슷하다. 이때 무리의 바깥쪽은 안쪽보다 훨씬 더 추위에 노출되어 있으므로, 바깥쪽에 있던 꿀벌들은 너무 추워지면 따뜻한 무리 안쪽으로 위치를 옮겨야 한다.

스워밍은 무리 내부의 높은 온도를 오랫동안 붙잡아두는 역할을 한다. 그렇지만 스워밍만으로는 꿀벌 무리의 온도를 일정하게 유지할 수 없다. 열 생산이 없으면 시간이 걸릴 뿐이지 결국에는 무리 내부도 차갑게 식어버린다. 꿀벌은 빠른 날갯짓으로 열을 생산할 수 있다. 이때 왼쪽 날개와 오른쪽 날개를 엇갈려 날갯짓을 하는데, 그래야만 비행하지 않고 열을 생산할 수 있다. 밤에 활동하는 곤충 중 비슷한 방법으로 체온을 높이는 경우가 있다. 예를 들어 박각시나방은 비행을 아주 잘하는 밤 곤충으로 알려져 있다. 그런데 체온이 어느 정도 높아야만 비행할 수 있으므로 날개 근육을 빠르게 수축이완해 체온을 높인다.

꿀벌이 겨울 동안 열을 생산하려면 끊임없이 먹이를 먹어 에너지를 확보해야 한다. 벌집 안에 저장해놓은 꿀은 겨울철 꿀벌의 음식이자 무리가 월동을 할 수 있는 에너지를 제공해준다. 양봉장에 가보면 벌들이 겨울 동안 무사히 지낼 수 있도록 두꺼운 천으로 벌통을 덮어주는데, 이렇게 보온해주면 벌들은 적게 먹고 또 적은 양의 열만 생산하고도 겨울을 날 수 있다.

새집의 조건

꿀벌들은 무리가 번성해 규모가 커지면 분봉한다. 분봉은 꿀벌의 무리가 둘로 나뉘는 것으로, 어떻게 보면 진짜 번식이라고도 할 수 있다. 분봉할 때 여왕벌과 일벌의 3분의 2 정도가 기존의 벌집을 버리고 밖으로 나온다. 그러면 기존의 벌통 내부는 여왕벌이 부재한 상황이 된다. 이때 남아 있던 일벌들이 재빠르게 최근에 새로 태어난 알을 왕대에 갖

172

나뭇가지에 분봉 중인 꿀벌 무리

다 놓고 그 벌을 여왕벌로 키운다. 꿀벌 무리가 번성할 수 있도록 밑바탕이 되어준 기존 벌집은 딸에게 유산으로 넘겨주고, 여왕벌은 마지막 모험을 하러 길을 나서는 것이다.

벌집을 버리고 나온 여왕벌과 일벌들은 나뭇가지 같은 곳에 임시 거처를 마련한다. 이곳을 야영지라고 하며, 여기서 며칠 동안 생활한다. 분봉하면 가장 시급하고 중요한 것이 새로운 집을 찾는 일이다. 많은 수의 벌들이 앞으로 몇 년을 살 수 있는 안전한 집을 찾아야 한다. 그런데 그런 괜찮은 집을 찾으려면 시간이 필요한데 이들에게는 그럴 여유가 없다. 당장 집도 없고 저장된 식량도 없기 때문이다. 그렇다고 해서 먹이 활동을 하는 것도 아니다. 그래서 이렇게 분봉한 벌들에게 새집을 찾는 데에 주어진 시간은 기껏해야 3일 정도다. 그때까지 어떻게든 새로운 집을 찾아야 한다.

그런데 벌들이 새로운 집을 찾는 조건이 무척이나 까다롭다. 첫 번째 조건은 월동해야 하는 특성 때문에 볕이 잘 드는 남향이어야 한다. 야생에서 벌집은 나무의 구멍이나 바위틈 같은 야생 구조물을 이용해 만든다. 이런 조건에서 가장 시련을 주는 계절은 겨울이다. 우리가 남향을 선호하는 이유는 겨울철에 햇빛을 최대한 많이 이용해 난방을 할 수 있기 때문이다. 같은 이유로 꿀벌도 이사할 집을 고를 때 남향을 선호한다.

두 번째 조건은 충분한 크기다. 벌집의 크기는 그 안에 담을 수 있는 벌의 수를 제한한다. 한창 꽃이 필 무렵 많은 양의 꽃꿀과 꽃가루를 채집하려면 충분한 노동력을 공급해주어야 한다. 또 겨울 동안 무리 내부의 온도를 일정하게 유지하려면 많은 벌이 있어야 한다. 게다가 벌들이 겨우내 지낼 수 있는 충분한 먹이도 벌집 내에 저장해두어야 한다. 이 모든 조건을 충족시킬 만한 벌집의 크기는 대략 12~40리터 정도다.

세 번째 조건은 벌집 크기에 비해 입구가 상대적으로 좁아야 한다. 입구의 크기는 보통 10~30제곱센티미터 정도인데 이렇게 입구가 좁아야 겨울에 내부의 열을 덜 빼앗길 수 있다.

네 번째 조건은 벌집 내부가 습기가 차지 않도록 건조해야 한다. 벌집 내부가 건조하면 다양한 기생자나 곰팡이가 창궐하기 어렵다. 이런 조건들을 두루 갖춘 새집을 찾는 일은 절대 쉽지 않다. 그러나 꿀벌 무리의 운명이 달린 만큼 어느 조건 하나 소홀히 할 수 없다.

분산성 리더십

꿀벌의 새집 찾기 과정은 탐색, 토론, 이주의 3단계를 거친다. 첫 번째 단계인 탐색은 새집의 후보를 찾는 과정이다. 이때 새집 후보를 찾는 임무는 아무 벌에게나 그 자격이 주어지지 않는다. 일벌 중에서도 경험이 많고 나이가 많은 일벌들, 즉 그 지역에 대해 샅샅이 알고 있어서 어디에 무엇이 있는지를 능숙하게 찾아내는 일벌들이 담당한다. 이 임무를 맡은 일벌들을 정찰벌scout이라 부른다.

꿀벌은 주로 나이에 따라 임무가 결정된다. 성충이 되면 벌통 내부의 일을 시작하고, 어느 정도 나이가 들면 벌통 외부로 나가 먹이 활동을 한다. 정찰벌은 먹이 활동을 하는 벌 중에서도 가장 경험이 많다. 정찰벌들은 무리의 5퍼센트 정도다. 정찰벌들은 보통 작은 소도시 정도의 공간에 흩어져 새집 후보를 찾는다. 정찰벌이 새집 후보를 찾아내면 그 정보를 가지고 야영지로 돌아온다.

정찰벌이 새집 후보에 대한 정보를 가져오면 야영지에서 열면 토론을 거쳐 새집을 결정한다. 바로 새집을 찾기 위한 두 번째 단계인데, 과연 정찰벌들은 어떻게 토론할까? 우리 인간은 주로 말이나 글을 이용해 자기주장을 펼치고 팔로워를 모집하며 토론한다. 그리고 나의 주장에 대한 팔로워 수가 많아질수록 성공적이다. 만약 꿀벌이 인간과 비슷한 방법으로 토론하려면 먼저 말이나 글이 있어야 하고, 팔로워를 모집해 승패를 결정해야 한다. 놀랍게도 꿀벌의 토론은 이 두 과정을 모두 갖추고 있다.

우리 인간의 언어는 여러모로 독특한데 그중 가장 중요한 특징은 기호를 사용한다는 점이다. 한글 자모, 영어 알파벳, 한자 등이 모두 인간의 언어에서 발견되는 기호다. 이 기호 자체에는 아무런 의미가 없다. 그래서 특정 기호에 임의로 의미를 부여할 수 있다. 예를 들어 야외에 나가 고개를 들어 위를 보면 '하늘'이 있다. 주로 푸른색인데 낮에는 해가 있고, 구름이 지나가는 것이 보이며, 밤에는 어둡지만 달과 별이 반짝이는 하늘을 말한다. 그런데 갑자기 우리가 모두 오늘부터 '하늘'이란 단어를 컴퓨터를 놓고 작업을 하는 넓은 널빤지('책상')를 지칭하기로 합의하고 사용하기 시작한다. 그럼 '하늘'은 이제 '책상'을 의미하는 단어로 순식간에 바뀌어버릴 수 있다. 이것이 가능한 이유는 '하늘'이 기호이고, 마음대로 의미를 지정했기 때문이다.

꿀벌의 의사소통도 인간의 언어처럼 기호를 사용한다. 그 기호는 바로 꿀벌이 추는 '8자춤'이다. 꿀벌은 이 춤의 요소를 이용해 새집 후보에 대한 방향과 거리 정보를 다른 꿀벌에게 전달할 수 있다. 마찬가지로 정찰벌은 새집 후보에 대한 정보를 야영지의 다른 정찰벌에게 전달할 때 이 8자춤을 이용한다. 야영지에서 추는 8자춤은 새집 후보에 대한 팔로워를 모집하는 과정이다. 이곳저곳을 돌아다니며 새집 후보를 찾아낸 정찰벌들이 무리로 돌아와 그 후보 새집을 추천한다. 이때 좋은 새집 후보를 찾은 정찰벌은 격렬하게 8자춤을 추고, 보통의 새집 후보를 찾으면 시원찮게 춤을 추기도 한다.

야영지의 정찰벌은 새집 후보에 대한 위치를 전달받은 뒤그곳에 직접 가서 크기, 방향, 상태 등을 꼼꼼히 확인한다. 그런 다음 그 새집 후보가 맘에 들면 무리로 돌아와 역시 8자춤을 춘다. 그러므로 좋은 새집 후보일 경우에는 그곳을 방문하고 돌아와 8자춤을 추는 정찰벌의 수가 계속해서 늘어난다. 그렇지만 확인한 새집 후보가 맘에 들지 않으면 정찰벌은 춤을 추지 않는다. 시시한 새집 후보일 경우 처음 한두 마리가 관심을 보이다가 이내 그조차도 사라진다. 정찰벌은 누구의 영향도 받지 않고 자신의 기준을 이용해 적당한 새집인지를 판단한다.

그럼 최종 의사결정은 어떻게 이루어질까? 정찰벌들은 정족수를 이용해 의사결정을 한다. 특정 후보를 지지하는 정찰벌의 수가 일정한 수치에 도달하면, 그 즉시 의사결정이 이루어진다. 재미있는 점은 의사결정이 이루어지는 장소는 야영지가 아니고 새집 후보 현장이다. 새집 후보 현장에 20~30마리의 정찰벌들이 모여 있으면 정족수가 채워지고, 그곳을 최종적으로 새로 이주할 집으로 결정하게 된다. 20~30마리라고 하면 너무 적은 것처럼 느껴지지만 그 정도의 정찰벌들이 모여 있다는 것은 최소 50~100마리의 정찰벌들이 그 새집 후보를 지지하고 있다는 것을 의미한다. 왜냐하면 임시 거처인 야영지와 새집 후보 사이를 이동 중인 정찰벌들이 있고, 또 야영지에서 8자춤을 추며 열심히 이 새집 후보를 홍보하고 있는 정찰벌들이 있기 때문이다. 이 벌들을 모두 합치면 새집 후보를 지지하는 정찰벌의 수는 훨씬 많다.

새집 찾기의 세 번째 단계는 본격적인 이주 과정이다. 이주 과정에서도 역시나 정찰벌의 역할이 매우 중요하다. 새집의 위치를 잘 알고 있는 것은 정찰벌들 뿐이기 때문이다. 이 정찰벌들이 야영지에서 새집까지의 경로를 안내하게 되는데 나머지 벌들은 정찰벌들이 비행하는 방향을 따라 이동한다. 마치 양치기 개가 양을 몰아 우리 안으로 안전하게 귀가시키는 것처럼 정찰벌들도 나머지 벌들이 이탈하지 않고 모두 새집으로 이주할 수 있도록 몰고 간다. 길을 알고 있는 정찰벌의 수가 많아야만 꿀벌 무리를 정확하게 새집으로 안내할 수 있다. 이렇게 탐색-토론-이주 과정을 거쳐 분봉한 꿀벌들은 낙오자 없이 안전하게 새집으로의 이주를 마친다.

야생에서 꿀벌의 새집 찾기는 불확실성으로 가득 차 있다. 어디에 적당한 새집 후보가 있는지도 모르고, 설령 있다 해도 그것을 찾아낼 수 있을지도 확실치 않다. 이런 불확실성을 극복하는 최선의 방법은 확실한 정보다. 꿀벌은 새집을 찾을 때 풍부한 경험이 있고, 독립적인 판단을 할 수 있는 정찰벌들에 의존한다. 의사결정을 하는 주체가 한 개인 또는 소수의 개인에게 집중되어 있지 않고 정찰벌 모두에게 분산되어 있으므로 이것을 분산성 리더십distributed leadership 이라 부른다. 분산성 리더십은 많은 정찰벌들로부터 정보를 모을 수 있고, 이 모든 정찰벌들의 판단의 평균값을 최종 의사결정으로 정한다. 평균값은 전체 값들의 중간에 가깝고, 따라서 극단적인 값들은 평균값을 얻는 과정에서 상쇄되어 사라진다. 불확실한 상황을 헤쳐갈 수 있는 지혜를 얻고 싶다면 꿀벌의 분산성 리더십을 반드시 참고해야 한다.

15

개미의 신속하고 정확한 의사결정

페로몬을 이용한
의사소통

두 마리의 개미가 이동하고 있다. 한 마리는 앞서가고 뒤의 개미는 앞의 개미를 따라간다. 이때 뒤의 개미는 더듬이로 앞에 가는 개미의 다리나 배를 접촉하며 따라가려 애쓴다. 그러다가 앞의 개미를 놓치면 분주하게 좌우로 움직여 앞의 개미가 남긴 냄새를 찾는다. 또한 앞의 개미는 따라오는 개미가 자신과 접촉하지 않으면 속도를 줄이거나 멈추어 기다린다. 그러면 뒤의 개미는 다시 앞의 개미를 따라붙게 되고, 둘은 다시 앞뒤로 열을 지어 이동한다. 이것을 개미의 직렬

개미의 직렬주행　　　　　　　　　자료: Rommel1999, wikimedia

주행^{tandem running}이라 한다. 앞서가는 개미가 길을 안내하는 리더이고, 뒤의 개미는 앞의 개미를 따라가는 팔로워다. 이들은 과연 어디로 가는 것일까? 그리고 왜 리더는 팔로워를 안내할까?

　개미 사회에서 일개미는 무리에서 필요한 거의 모든 업무를 담당한다. 일개미의 업무는 대략 나이로 결정되는데, 어른 일개미가 되면 처음에는 개미집 내부의 일을 한다. 여왕개미나 개미 애벌레를 돌보다가 더 시간이 지나면 땅을 파기도 하고 집을 수선하기도 한다. 더 나이를 먹으면 집을 지키거나 먹이를 가져오는 등 집 외부의 일을 한다. 그래서 주로 우리가 흔히 보는 지면에 노출되어 있는 개미들은 개미 무리에서 상대적으로 나이가 많다.

일개미가 성공적으로 먹이를 발견하면 다른 일개미들을 모집해 함께 먹이를 운반한다. 먹이를 찾은 일개미가 개미집으로 돌아와 먹었던 먹이를 토해내 먹이의 존재를 알린다. 그런 다음 개미는 배 끝에 있는 침에서 페로몬이라는 화합 물질을 분비한다. 그러면 이 페로몬의 냄새를 맡은 다른 개미가 관심을 가지고 따라온다. 먹이의 위치를 알고 있는 리더는 뒤에 쫓아오는 팔로워들을 안내하며 직렬주행으로 이동한다.

이때 직렬주행을 하는 리더 개미는 자신의 배를 지면에 계속 부딪히면서 이동한다. 페로몬을 길에 분비하는 행동인데 이렇게 하면 개미집에서부터 먹이가 있는 장소까지 연결된 페로몬 길이 펼쳐지게 된다. 그러면 뒤를 이어 따라오는 개미들이 더듬이로 그 페로몬 냄새를 맡으면서 목적지까지 이동할 수 있다. 개미가 순간 방향을 잃고 페로몬 길에서 벗어나기라도 하면 그 개미는 더듬이를 좌우로 움직여 다시 페로몬 길을 찾아낸다.

페로몬은 휘발성이 있는 화합 물질이다. 지면에 묻은 페로몬은 어느 정도 시간이 지나면 휘발되어 페로몬 길이 사라져버린다. 그래서 페로몬 길을 유지하기 위해 개미들은 먹이를 찾아 오가는 동안 끊임없이 페로몬을 뿌린다. 먹이터에 먹이가 풍부하면 많은 개미가 먹이터와 개미집을 오가며 페로몬을 남긴다. 페로몬으로 가득 찬 이 길은 일종의 고속도로가 된다. 그러나 먹이가 줄어들면 방문하는 개미도 줄어들고 페로몬 길도 점점 희미해진다. 그러다가 왕래하는 개미가 사라지면 페로몬 길도 사라진다. 페로몬은 개미가 무리의 다른 구성원들과 의사소통하는 수단이다.

의사결정의 정확도와 속도

개미는 지구상에서 가장 번성하는 생물 중 하나다. 현재 전 세계에 1만 2,000종 이상의 개미가 서식하고 있는 것으로 알려져 있다. 육상 생태계에 존재하는 동물들의 총 몸무게 중 개미가 차지하는 비율이 자그마치 약 15~25퍼센트 정도나 된다. 개미가 이렇게 번성하는 이유는 개인들 간의 효율적 의사소통과 정확한 의사결정에 있다. 개미들이 내리는 가장 중요한 결정은 새로운 집을 찾는 일이다. 만약 먹이를 잘못 찾으면 잠시 굶으면 된다. 그러나 문제가 있는 개미집을 선택하면 무리 전체가 위험에 노출된다. 특히 이동이 어려운 여왕개미, 그리고 알이나 애벌레들은 둥지 선택이 잘못되면 그로 인해 치명적인 피해를 당할 수 있다.

개미의 새집 찾기 과정은 전반적으로 꿀벌의 새집 찾기와 아주 유사하다. 개미 무리에서도 가장 경험이 많은 정찰개미로 불리는 일개미들이 담당한다. 이들은 사방으로 흩어져 후보가 될 만한 개미집을 찾아 나선다. 개미 무리가 사용할 만한 적당한 개미집을 찾으면 다시 돌아와 보고한다. 이때 정찰개미는 관심이 있는 다른 정찰개미를 모집한다. 그리고 따르는 개미가 있으면 그 개미를 데리고 직렬주행을 이용해 후보로 점찍은 개미집으로 향한다. 후보 개미집에 오면 뒤따르던 개미가 그 장소를 검토하기 시작한다. 만약 그 개미도 마음에 들면 다시 개미집으로 돌아가 새로운 개미를 모집한다.

이렇게 해서 여러 마리의 정찰개미들이 각자 흩어져 새집을 물색해놓으면 이제는 그 후보 개미집들 중 어떤 곳을 선택할지 결정해야 한다. 훌륭한 후보 개미집일수록 지지하는 정찰개미들이 많지만 별 볼 일 없는 후보 개미집은 모집에 어려움이 많다. 어떤 개미는 지지하던 후보 개미집을 바꾸기도 한다. 그러면 개미들은 어떤 방법으로 여러 후보 개미집 중 새로운 보금자리를 결정하게 될까?

개미들이 새로운 개미집을 결정하는 방법은 합의 의사결정을 통해서다. 정찰개미들은 각각 한 표씩 행사할 수 있고, 특정 후보 개미집에 20마리 정도의 표가 모이면 새로운 개미집으로 결정된다(Pratt, 2005). 일종의 정족수라고 볼 수 있다. 후보 개미집에서 정족수가 채워지면 그 개미집을 지지하는 정찰개미의 수가 다수를 차지한다고 보면 된다. 그러면 그때부터 개미 무리는 일사불란하게 새로운 개미집으로 이사를 시작한다.

왜 벌이나 개미는 정족수를 이용해 의사결정을 할까? 새집을 찾을 때 무엇보다 중요한 점은 무리 전체가 장기간 살수 있는 조건을 충족시킬 수 있는가 하는 것이다. 다르게 말하면 의사결정의 정확도를 높여야 한다. 까다로운 새집 조건을 충족시키려면 많은 정찰벌들이 넓은 지역에 흩어져 많은 정보를 수집하고, 가져온 정보를 세밀하게 토론해 판단하면 된다. 그런데 이 모든 과정에는 시간이 많이 소요된다. 새집을 찾는 꿀벌이나 개미는 시간에 쫓긴다. 꿀벌 같은 경우 야영지에서 버틸 수 있는 시간이 3일 정도밖에 되지 않는다. 따라서 꿀벌이나 개미가 새집을 찾을 때 정확도도 중요하지만 의사결정의 속도도 중요하다.

만약 의사결정 시 시간에 쫓기고 있다면 의사결정 속도가 다른 모든 요인보다 우위에 선다. 이 경우 집단은 정보를 가장 많이 가지고 있는 개인의 의사결정을 존중한다. 예를 들어 다가오는 포식자의 위치를 눈치 챈 개인이 무리 전체에 경고음을 보내면 무리의 구성원은 그대로 그 개인의 의사결정을 따라 바로 회피 행동을 한다. 그러면 개인은 바로 옆에 있는 다른 개인의 행동을 그대로 복사한다. 그런데 무분별한 복사 행동은 의사결정의 정확도를 낮춘다. 그럼 정확도를 높이면서도 빠른 시간 내에 의사결정을 하는 방법이 있을까?

최근 가시고기가 이동 방향을 결정할 때 정족수를 이용하면 정확한 방향을 선택한다는 연구 결과가 나왔다(Ward et al, 2008). Y자 모양의 수조에 모형 물고기 한 마리를 아래로부터 출발해 Y자 모양의 한쪽 팔로 이동시켰다. 그런데 모형 물고기가 이동한 쪽의 팔은 모형 포식자 물고기가 있어 위험하고, 그 반대쪽 팔은 안전하다. Y자 모양의 아래쪽에서는 실험 물고기가 모형 물고기의 이동을 지켜보고 있다. 한 마리 또는 두 마리의 물고기는 모형 물고기를 따라 포식자가 있는 방향으로 잘못된 선택을 하는 경우가 많았다. 그렇지만 네 마리 또는 여덟 마리로 구성된 가시고기 무리는 모형 물고기를 따라가지 않고 포식자가 없는 안전한 팔로 이동했다. 물고기는 한두 마리보다는 여러 마리가 있는 무리에 합류해 이동하는 것을 선호한다. 그 이유는 일정 크기 이상의 무리를 선택하면, 즉 정족수를 이용하면 신속하고 정확한 의사결정을 할 수 있기 때문이다(Sumpter and Pratt, 2009).

민주적인 의사결정은 참여하는 구성원이 많고 여러 선택지 중 하나를 골라야 하므로 과정이 복잡하다. 많은 정찰개미들이 각자 넓은 지역으로 흩어져 후보 개미집을 찾아 나서야 하고, 다양한 후보 개미집들에 대한 정보를 모으고, 후보 개미집에 대한 장단점을 독립적으로 검토해야 한다. 그래서 개미 무리는 정족수를 이용해 새집 찾기 의사결정을 한다. 정족수에 도달하면 새로운 개미집을 지지하고 그 위치를 알고 있는 개미들이 많이 있으므로 개미 무리의 단결이 유지되며 신속하게 이주할 수 있다. 정족수를 이용한 합의 의사결정은 시간과 노력이 많이 들지만 그 어떤 방법보다 신속하면서도 정확하게 의사결정을 내릴 수 있기 때문에 동물들은 무리의 운명이 달린 중차대한 결정을 내릴 때 이 방법을 사용한다.

16

왜 민주적 의사결정이 필요할까

어떻게 잘못된 의사결정이 일어나는가

여러 후보 중 최상의 선택을 하기 위해서는 크게 두 가지 과정이 일어나야 한다. 첫째는 평범한 후보를 걸러내야 하고, 둘째는 훌륭한 후보를 선택해야 한다. 그러면 꿀벌은 어떤 방법으로 평범한 후보를 걸러낼까? 정찰벌은 무리로 돌아와 열심히 8자춤을 추며 자신이 방문한 새집 후보를 홍보한다. 정찰벌은 자신이 판별한 새집 후보의 품질에 따라 열정적으로 또는 시답잖게 춤을 춘다. 정찰벌의 춤의 강도는 팔로워 모집에 영향을 미치기 때문에 새집 후보의 품질에 따라 팔로워의 수가 차이난다. 따라서 평범한 후보에 대한 지지는 시간이 지날수록 줄어들 수밖에 없다.

그런데 정찰벌이 잘못된 신념을 가지고 옹고집을 부리면 어떻게 될까? 한 마리의 정찰벌이 새집 후보를 물색하러 나갔을 때 찾을 수 있는 집은 한두 개 정도밖에 안 된다. 그러면 그 정찰벌 입장에서는 자기가 방금 보고 온 새집 후보가 최고라고 생각할 수 있다. 물론 그보다 훨씬 좋은 새집 후보가 있겠지만 그 정찰벌의 입장에서는 그렇다. 이 경우 잘못된 정보가 토론 과정에 오랫동안 머물게 되어 신속하고 정확한 의사결정을 방해할 수 있다.

꿀벌의 새집 찾기 과정에는 이런 토론상의 난관을 해결할 방법이 있다. 정찰벌은 몇 번 자신의 임무를 마친 뒤 반드시 휴식기를 갖는다. 더 이상 아무것도 하지 않고 무리에서 가만히 쉬는 것이다. 이런 휴식기 때문에 한 정찰벌이 특정 새집 후보에 대해 지속적으로 팔로워를 모집할 수 없다. 새집 후보의 품질이 어떻든지 간에 한 정찰벌은 자신의 신념에 대해 옹고집을 부릴 수 없다. 따라서 특정 새집 후보를 지지하는 정찰벌의 수는 계속 늘어나도 지지하는 정찰벌들은 끊임없이 바뀐다. 정찰벌 대부분이 지지할 수 있는 후보가 아니라면 토론의 대상에서 걸러질 수밖에 없다.

훌륭한 새집 후보의 경우를 한번 보자. 정찰벌이 새집 후보를 찾아내 무리로 돌아와 8자춤을 추며 후보를 홍보하고 팔로워를 모집한 뒤 역시나 휴식기를 갖는다. 그런데 좋은 후보의 경우 한 정찰벌이 여러 마리의 팔로워를 모집할 수 있다. 따라서 훌륭한 새집 후보의 경우에는 탐색과 토론 과정이 반복되면서 새집 후보를 방문하는 정찰벌의 수가 휴식기를 갖는 정찰벌의 수보다 훨씬 많아진다. 이 과정을 양성 되먹임이라 하는데, 훌륭한 후보와 평범한 후보 간의 작은 차이를 크게 벌어지게 할 수 있다. 양성 되먹임 과정은 늦게 훌륭한 후보를 발견하더라도 빠르게 팔로워를 모집할 수 있는 방법이다.

꿀벌의 새집 찾기 과정에서 잘못된 의사결정이 일어날 수 있을까? 최상의 결과를 가져오는 방법은 개개인이 독립적으로 판단하고 그것을 서로 합의했을 때 가능하다. 여기서 중요한 변수는 합의 과정에 참여하는 개인이 독립적인 사고를 바탕으로 내리는 판단이다. 개인의 판단이 독립적이지 않다면 한 극단은 판단이 상호의존적이고, 또 다른 극단은 너무 자립적이다. 상호의존적인 판단은 개인이 전혀 독립적이지 않아 남의 판단을 그대로 수용하는 경우이고, 자립적인 판단은 너무 독립적이어서 자신의 판단을 항상 고수하는 경우다. 상호의존적인 판단을 하면 잘못된 의사결정을 내릴 수 있고, 너무 자립적인 개인들은 합의를 할 수 없다. 이것을 의사결정의 오류라고 하는데 이런 양극단의 잘못된 의사결정 과정을 없애야만 제대로 된 의사결정을 할 수 있다.

잘못된 의사결정. 개인들의 판단이 지나치게 상호의존적이거나 너무 자립적이면 잘못된 의사결정을 하게 된다.

정찰벌들은 어떻게 의사결정의 오류를 피할까? 먼저 정찰벌들은 독자적으로 자유롭게 정보를 얻고 각자의 기준으로 판단을 내린다. 누구의 영향도 받지 않고 스스로 판단을 내리기 때문에 절대 성급한 의사결정을 하지 않는다. 새집 찾기 과정에 몇 번 참여한 정찰벌은 반드시 휴식기를 가져야 하고, 휴식기가 끝난 정찰벌은 완전히 리셋되어 처음부터 다시 시작하기 때문에 절대 옹고집을 부릴 수 없다. 꿀벌들이 최상의 새집을 찾을 수 있는 이유는 의사결정 과정이 상호의존적이거나 너무 자립적인 벌을 제어할 수 있기 때문이다.

독재적 의사결정
vs 민주적 의사결정

꿀벌이나 개미의 새집 찾기는 집단의 명운이 달린 중대사다. 잘못해서 새집에 하자가 있으면 집단은 겨울을 나지도 못하고 사라질 수 있다. 이런 집단의 중대사를 두고 꿀벌이나 개미가 보여주는 의사결정 과정은 우리 인간에게도 많은 참고가 될 만하다.

먼저 꿀벌은 현장 지식과 경험이 풍부한, 즉 자격이 있는 정찰벌만 새집 찾기 과정에 참여시킨다. 새집 찾기 과정에 참여한 꿀벌은 무리 내에서 5퍼센트 정도인 정찰벌들뿐이다. 정찰벌을 제외한 나머지 꿀벌들은 새집 찾기 의사결정에 필요한 자격을 갖추었다고 보기 어렵다. 정찰벌은 무리 내에서 가장 나이가 많고, 따라서 꿀벌 무리가 사는 지역에 대한 풍부한 지식과 경험을 가지고 있다. 그러나 벌통에 있는 많은 벌은 아직 한 번도 벌통 밖으로 나와 보지 못한 벌들이고, 또 먹이 활동을 하는 대부분의 일벌도 아직 그 지역에 대한 충분한 정보가 있다고 보기 어렵다. 꿀벌의 의사결정은 단순하게 내린 결정이 아니라 확실한 정보와 그 정보를 소화할 수 있는 주체들이 내린 의사결정^{informed decision}이다.

정찰벌들은 새집 찾기를 할 때 민주적 의사결정 과정을 거친다. 모든 정찰벌이 의사결정에 참여하며, 하나의 정찰벌은 한 표만 행사하고, 정찰벌의 한 표는 모두 동등하다. 민주적 의사결정의 장점은 탐색 과정부터 드러난다. 모든 정찰벌이 사방팔방으로 흩어져 새집 후보를 찾으므로 이들이 얻는 정보의 양은 어느 한 개인이나 소수의 개인이 얻는 정보의 양보다 막대하다. 가능하면 넓은 지역에서 더욱 많은 정찰벌들이 정보를 수집할 때 가장 좋은 정보를 획득할 수 있다. 정보의 양은 곧 새집 후보의 품질로 이어져 최상의 의사결정을 가능하게 한다.

민주적 의사결정은 정확한 판단을 하는 데에도 중요하다. 앞의 집단 지성을 이용해 황소의 무게를 정확하게 추측했듯이, 다수 의견이 정확하다는 것을 통계학적으로 설명할 수 있다. 예를 들어 여기 새집 후보인 A와 B가 있고, 꿀벌은 이 두 후보 중에서 새집을 결정해야 한다. 이때 한 개인이 이 두 후보 중 정확하게 좋은 집을 선택할 확률은 0.6이라고 하자. 그런데 같은 능력을 갖춘 꿀벌 100마리가 결정을 내리고, 그것의 평균을 내면 1(완벽)에 가까워진다. 한 개인이 내리는 결정은 오류일 가능성이 있지만 여러 개인의 판단을 종합해 결정을 내리면 정확한 판단을 내릴 확률이 아주 높아진다. 민주적 의사결정 과정을 거치면 불확실한 상황에서 최상의 판단을 내릴 수 있고, 바로 이 점이 민주적 의사결정을 해야 하는 가장 중요한 이유다.

의사결정은 크게 독재적 의사결정과 민주적 의사결정으로 나뉜다. 독재적 의사결정은 앞에서 다루었던 코끼리 무리의 가모장을 예로 들 수 있다. 독재적 의사결정은 정보를 얻는 비용이 많이 들고 무리의 크기가 작고 정보의 편차가 크게 차이 나는 사회일 때 적당하다. 코끼리의 경우처럼 무리의 수가 적으면 개개인의 경험을 모두 취합하더라도 가모장의 경험을 뛰어넘을 수 없다. 나이가 많으면 많을수록 아주 많은 경험과 정보를 가지고 있으므로 그런 집단의 경우에는 독재적 의사결정이 가능하다.

하지만 이론적인 연구 결과를 보면 민주적인 의사결정이 독재적인 의사결정보다 집단에 항상 유리하다(Conradt and Roper, 2003). 그 이유는 민주적인 의사결정 구조를 갖는 경우 극단적인 결정을 내리는 경향이 적기 때문이다. 독재적 의사결정을 가진 집단은 아홉 번의 훌륭한 선택을 하고도 마지막 한 번의 치명적인 결정을 통해 구성원들이 몹시 어려워질 수 있다.

그러나 민주적 의사결정 과정에는 이런 극단적인 선택지가 파고들 여지가 거의 없다. 특히 구성원들이 이질적이라도 민주적인 합의 과정을 통해 모두가 받아들일 수 있는 의사결정을 할 수 있다. 벌목 곤충 외에도 대형 초식동물이나 영장류, 조류가 이동 방향을 결정할 때 민주적인 의사결정을 할 수 있다고 알려져 있다. 민주적인 의사결정은 인간이 지구에 출현하기 이전부터 이미 등장했고, 민주적 의사결정을 할 수 있는 우리의 사고 체계도 이런 뿌리에서 기원하고 있는 것 같다.

민주적 의사결정은
사회 통합에 최적

꿀벌이나 개미의 분산성 리더십은 정보를 소화할 수 있는 모든 개인들이 참여하는 민주적 의사결정 과정이다. 민주적 의사결정이 중요한 또 다른 이유는 바로 사회 통합이다. 민주적 의사결정 과정을 통해 새집 후보를 결정한 후 무리 전체가 새집으로 이주할 때, 그 경로를 정확하게 알고 있는 정찰벌의 수는 성공적인 이주를 위해 아주 중요하다. 야영지에 있는 꿀벌 대부분은 새집의 위치에 대한 정보를 모른다. 따라서 경로를 알고 있는 정찰벌의 수가 많으면 많을수록 무리 전체가 낙오자 없이 모두 이주할 수 있다.

최상의 판단을 내렸다 하더라도 구성원들이 이를 따라주지 않으면 아무 소용이 없다. 민주적 의사결정은 비용과 시간이 많이 들 수밖에 없는데, 그 이유는 많은 구성원을 설득하고 이해시켜야 하기 때문이다. 하지만 민주적인 과정을 통해 의사결정을 하면 사회 통합이 이루어지고, 결국 결정된 방향으로 힘차게 추진할 수 있다. 민주적 의사결정은 최상의 판단을 내리는 과정이며 동시에 구성원들이 그 결정을 따르게 하는 사회 통합 과정이다.

18세기 프랑스 철학자 콩도르세^{Marquis de Condorcet}는 "집단 의사결정은 사회적 동물의 성공에 아주 중요하다"고 말했다. 여왕벌은 평생 딱 한 번 어쩌면 두 번 정도 벌통 밖으로 나오기 때문에 외부 환경에 대해 아무런 지식과 경험을 가지고 있지 않다. 그래서 여왕벌은 새집을 찾는 일에 절대 나서거나 참견하지 않는다. 새집을 찾는 아주 중요한 결정을 할 때는 그 분야에 가장 현장 경험이 많은 정찰벌이 그 역할을 담당한다. 정찰벌들의 독립적 의견을 취합해 민주적 의사결정 과정을 거쳐 결정한다. 그리고 정찰벌들이 민주적 의사결정을 할 수 있도록 여왕벌이 한발 비켜서 있는 것도 잊어서는 안 된다.

── 더 알아보기: 꿀벌의 언어 ──

행동학의 창시자 중 한 명이자 노벨상 수상자이기도 한 오스트리아의 칼 본 프리쉬Karl von Frisch가 꿀벌의 언어인 꿀벌 춤을 처음으로 해석했다. 곤충의 의사소통 중 가장 정교한 꿀벌 춤은 먹이나 새로운 보금자리를 찾을 때 이용된다. 먹이인 꽃을 찾아낸 정찰벌은 벌집으로 돌아와 동료들에게 꽃의 위치를 알려준다. 먼저 100미터 이내의 거리에 꽃이 있으면 정찰벌은 원을 그리며 춤을 추는데, 이것을 원형춤이라 한다. 꽃이 100미터 이상 떨어져 있으면 정찰벌은 8자춤waggle dance을 춘다. 8자춤은

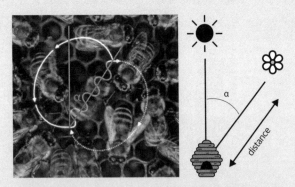

정찰벌은 8자춤을 추며 먹이나 새집의 위치를 동료들에게 알린다. 이때 8자춤의 직선거리를 춤추는 시간은 벌집에서 목적지까지의 거리 정보를 알려준다. 직선거리와 수직방향의 사잇각은 벌집을 기준으로 태양과 목적지와의 사잇각에 해당하고, 목적지의 방향 정보다.

자료: J. Tautz and M. Kleinhenz, Beegroup Würzburg, wikimedia

정찰벌이 좌우로 흔들면서 직선거리를 이동한 다음 반원을 그리며 다시 시작점으로 돌아오는 행위다. 이때 동료들은 춤추는 정찰벌에 바짝 달라붙어 정찰벌이 만드는 춤의 모양, 흔들림, 소리, 냄새를 느낀다.

정찰벌이 동료들을 특정 목적지에 대한 정보를 전달하려면, 현재의 위치에서 목적지까지의 거리와 방향 정보만 알려주면 충분하다. 8자춤에서 거리 정보는 배를 흔들며 직선거리를 이동하는 시간과 비례한다. 보통 직선거리의 춤추는 시간이 1초 정도면 목적지는 약 1킬로미터 거리에 있다. 목적지의 방향 정보를 전달하는 방법은 더욱 복잡하다. 꿀벌은 벌집을 나서면 태양을 기준으로 방향을 잡는다. 그래서 목적지의 방향은 태양과 목적지의 사잇각(α)을 이용해 결정한다. 그런데 벌집 안은 어두워서 태양을 기준점으로 사용할 수 없다. 대신 정찰벌은 중력을 이용한다. 그래서 벌통 안에서 벌들이 활동하는 벌집의 표면은 항상 수직으로 아래를 향해 있다. 꿀벌이 춤을 출 때 직선거리는 중력 방향과 일정한 각도(α)를 이루는데, 이 각도가 벌통에서 태양과 꽃의 사잇각이다.

만약 8자춤이 없다면 꿀벌들은 정보 없이 먹이 활동을 하고, 여기저기 헤매느라 많은 에너지를 소비할 수밖에 없다. 하지만 8자춤을 통해 정확한 거리와 방향 정보를 전달받고 먹이를 찾으러 나가면 시간과 에너지 효율을 높일 수 있다. 그래서 꿀벌의 8자춤은 벌이 효율적으로 먹이를 채집할 수 있도록 하는 중요한 의사소통 수단이다.

5

협력하는 동물이 알려주는

화합의 리더십

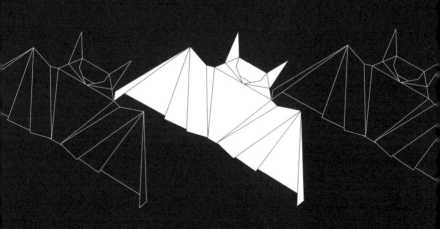

리더의 가장 중요한 역할은
사회의 결속력을 높이는 일이다.
그리고 사회의 결속력을 높이는 방법은
간단한 환영 인사에서 출발한다.

17

이합집산 사회는 가장 유연한 사회구조

다수결 규칙을 이용한
의사결정

집단의 의사결정이 나의 이익과 충돌하면 어떻게 해야 할까? 나의 이익을 포기하고 집단의 의사결정을 따라야 할까? 아니면 집단의 의사결정을 무시하고 나의 이익을 좇아야 할까? 만약 집단의 의사결정을 따르면 나의 이익은 실현할 수 없게 된다. 그렇지만 나의 이익만 추구하면 집단에서 멀어지거나 퇴출당할 수도 있다. 즉 구성원들이 추구하는 목적이 서로 다를 때 집단의 의사결정은 어떻게 결정될까? 독일 그라이프스발트대학교의 제럴드 커스$^{Gerald\ Kerth}$ 교수의 벡스타인박쥐^{Myotis bechstenii} 연구에서 이에 대한 통찰력을 얻을 수 있다.

벡스타인박쥐는 유럽이나 서아시아 숲에 주로 서식한다. 이 박쥐도 다른 포유류와 같이 암컷은 유소성^{philopatric}이 있어서 성장한 후에도 태어난 무리에 남아 있지만, 수컷은 분산한다.

암컷은 보통 10~45마리 정도가 같이 모여 군락을 형성해 생활한다. 그리고 번식기마다 매번 다른 수컷과 교미해 새끼를 낳는다. 그래서 군락 내에는 혈연적으로 가까운 암컷과 관련이 없는 암컷들이 다 같이 섞여 있다. 암컷은 매년 번식하는 것은 아니어서 군락에는 번식하는 암컷과 번식하지 않는 암컷이 섞여 있다. 박쥐는 밤이 되면 나방 같은 곤충을 사냥하고, 낮에는 어두운 잠자리터에서 휴식을 취한다. 암컷 벡스타인박쥐 군락이 주로 이용하는 잠자리터는 나무 구멍이다. 박쥐 군락은 기생자를 피하거나 적당한 온도를 찾아 잠자리터를 자주 바꾼다.

집단생활은 벡스타인박쥐에게도 여러 장점을 제공해준다. 추운 날에는 박쥐 무리가 한 나무 구멍에서 허들링을 하며 낮 동안을 보낼 수 있고, 먹이나 잠자리터와 같은 귀중한

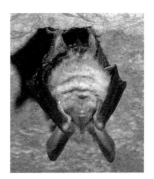

하룻밤을 보내는 벡스타인박쥐

자료: Parc naturel régional des Vosges du Nord, wikimedia

정보를 얻을 수 있다. 그렇지만 박쥐마다 잠자리터에 대한 선호도가 다를 수 있다. 예를 들어 수유하는 암컷은 그렇지 않은 암컷보다 높은 온도의 잠자리터를 선호한다. 그래서 벡스타인박쥐는 일시적으로 두 개에서 여섯 개 정도의 소집 단으로 나뉘어 서로 다른 잠자리터에서 생활하고, 그러다가 다시 합친다.

이런 면에서 볼때 벡스타인박쥐도 포유류에서 흔하게 나타나는 이합집산 사회다. 그렇다 보니 암컷 박쥐는 매일 잠자리터를 결정해야 한다.

벡스타인박쥐 무리는 어떻게 잠자리터를 결정할까? 벡스타인박쥐 무리에는 코끼리의 가모장이나 늑대, 침팬지의 알파 수컷처럼 뚜렷한 리더가 존재하지는 않지만, 정보나 혈연을 이용해 의사결정을 주도하는 암컷들이 있다. 벡스타인 박쥐 무리는 구성원 모두가 찬성하는 만장일치 규칙을 사용할 수도 있고, 다수가 원하는 방향으로 결정하는 다수결의 규칙을 따를 수도 있다.

박쥐집단의 의사결정 과정을 연구하기 위해 박쥐가 사는 숲에 인공 잠자리터를 많이 설치하고, 박쥐의 출입을 모두 기록했다.

박쥐는 어두워지면 사냥을 하러 잠자리터에서 출현했다. 아직 모든 박쥐가 인공 잠자리터를 떠나지 않았을 때, 이 잠자리터 밖에서 바스락 소리를 낸 박쥐들을 살짝 불편하게 만들었다.

많은 박쥐가 있을 때 바스락 소리를 내면 박쥐 무리는 이 인공 잠자리터를 버리고 새로운 장소를 찾았다. 그런데 소수의 박쥐가 있을 때 바스락 소리를 내면, 방해받은 박쥐는 마음에 들지 않더라도 대다수의 박쥐를 따라 다시 그 인공 잠자리터로 돌아와 낮을 보냈다. 이 연구 결과는 박쥐가 잠자리터를 결정할 때 다수결의 규칙을 따른다는 것을 의미한다(Kerth et al, 2006).

가장 유연한
사회구조

집단이 결정한 잠자리터와 개인이 선호하는 잠자리터가 다르면 어떻게 될까? 이 질문에 대한 답을 찾기 위해 같은 잠자리터에 대해 상반된 정보를 박쥐 무리에게 제공했다. 새로운 인공 잠자리터를 설치해 박쥐들이 탐색하게 한 다음, 일부 박쥐들이 방문하고 나면 둥지의 입구를 막아버렸다. 그런 뒤 다시 새로운 박쥐들이 그 잠자리터를 방문하게 했다. 먼저 방문한 박쥐들은 그 잠자리터가 적당하다고 판단할 것이고, 입구가 막힌 이후에 방문한 박쥐들은 그 잠자리터가 부적당하다고 판단할 것이다.

이렇게 상반된 정보를 준 다음에는 박쥐 무리가 소집단으로 나뉘는 경우가 늘어났다. 이 연구 결과는 박쥐가 다수결의 규칙을 따라 잠자리터를 결정하지만, 내가 가지고 있는 정보가 무리 다수의 정보와 다를 경우 나의 정보에 의존해 무리에서 갈라질 수 있음을 의미한다.

조직의 크기가 커질수록 모든 구성원의 욕구를 충족시키기는 어렵다(Kerth, 2010). 개인은 집단의 의사결정을 존중

하지만 자신의 이익을 무시할 수는 없다. 그리고 결국에는 개인의 이익을 좇아 조직의 의사결정에서 벗어나는 길을 갈 수밖에 없다. 따라서 동물의 이합집산 사회처럼 개인의 이익을 추구할 수 있도록 길을 열어주면서도, 언제든지 조직의 열린 품으로 돌아올 수 있는 길을 제시하는 사회구조가 가장 유연하다. 개인은 한시적으로 조직을 벗어나고 싶어 하지만 큰 조직이 주는 장점을 잘 이해한다. 춥고 긴 겨울에는 모두가 허들링을 할 때 가장 안전하다는 것을 개인들은 잘 알고 있다.

18

점검된 신뢰를 바탕으로 하는 협력

협력은 의사소통에서
시작된다

리더와 팔로워는 기본적으로 협력관계다. 협력은 개인 간의 상호작용이며, 개인은 상대방이 혈연이면 차별적으로 대응한다. 그래서 사회구조는 혈연으로 연결된 개인들이 모인 혈연집단과 혈연으로 연결되어 있지 않은 개인들이 모인 비혈연집단으로 나눌 수 있다. 실제로는 혈연과 비혈연이 섞여 있는 경우가 많기 때문에 사회구조는 훨씬 복잡하다.

협력은 보통 혈연집단의 협력과 비혈연집단의 협력으로 나뉜다. 혈연집단의 협력은 혈연선택으로 설명하지만, 비혈연집단의 협력은 호혜로 설명한다. 호혜는 시차를 두고 도움을 주고받는 과정이다. 즉, 오늘은 내가 너를 도와주고, 내일은 네가 나를 도와준다. 이 경우 먼저 도움을 받았지만 나중에 도움을 되갚아주지 않는 양체가 등장하면 호혜관계는 깨진다. 그래서 호혜가 잘 작동하려면 양체 행동에 대한 처벌이 필요하다. 남남 간의 상호작용은 개인들이 혈연으로 연결되어 있지 않으므로 협력의 가장 단순한 형태다. 그러므로 비혈연집단에서 작동하는 협력의 기본 원리는 리더와 팔로워 또는 팔로워와 팔로워의 관계를 이해하는 데에 바탕이 된다.

물고기는 물에 살기 때문에 청소가 필요 없다고 생각할 수 있지만 물에도 기생자가 있고, 활동하다가 상처가 나면 병균이 창궐할 수 있다. 따라서 물고기도 다른 동물처럼 몸을 청결하게 유지해야 한다. 그런데 물고기는 팔, 다리 또는 날개와 같은 부속지를 이용해 스스로 청소할 수 없다. 그래서 물고기가 몸을 청결하게 하고 싶으면 다른 물고기의 도움을 받아야 한다. 대표적인 예가 청소놀래기bluestreak cleaner wrasse이고, 우리에게 익숙한 닥터피쉬도 청소하는 물고기 중하나다. 닥터피쉬는 주로 광합성을 하는 아주 작은 생물인 조류를 먹는다. 그래서 바다거북의 등갑에 덮여 있는 녹색 조류를 청소해준다. 또 청소새우도 있다. 흰동가리는 독이 있는 말미잘과 같이 사는데 이런 곳에 오고 싶어 하는 청소 물고기는 없다. 다행히도 청소새우가 말미잘 촉수를 돌아다니며 필요할 때 흰동가리를 청소해줄 수 있다.

청소놀래기는 산호가 서식하는 열대 바다에서 살고 있는데 주로 동아프리카, 홍해, 인도네시아, 프랑스 폴리네시아에서 발견된다. 청소놀래기의 서비스가 필요한 물고기를 '고객 물고기'라 한다. 청소놀래기는 고객 물고기의 피부를 샅샅이 훑으면서 외부 기생자인 작은 갑각류를 잡아먹고 죽은 피부도 손질해준다. 고객 물고기는 심지어 입이나 아가미도 열어 그 안도 청소하도록 한다. 물고기의 아가미는 물에 녹아 있는 산소를 들이마시고 몸 안의 이산화탄소를 배출하는 호흡 기관이다. 그래서 아가미는 매우 민감하고 쉽게 상처를 입을 수 있다. 그러므로 청소놀래기를 전적으로 신뢰하지 않으면 고객 물고기는 절대 아가미를 열지 않는다.

청소놀래기의 청소 서비스는 건강한 산호 생태계를 유지하는 데에 중요하다. 열대 산호초에서 청소놀래기를 실험적으로 제거하자 여기에 살고 있던 물고기 종이 반으로 줄었고, 물고기의 수도 4분의 3이 사라져버렸다(Clague et al, 2011). 청소놀래기가 산호 생태계에서 중요한 이유는 고객 물고기의 건강과 성장에 기여하기 때문이다. 청소 서비스를 받은 물고기는 그렇지 않은 물고기에 비해 같은 나이일 경우 27퍼센트 정도 더 크다. 외부 기생자에게 영양분을 뺏기지 않으므로 고객 물고기는 그만큼 더 빠르고 크게 성장할 수 있다. 고객을 청소해주는 대가로 청소놀래기는 먹이를 쉽게 공급받는다. 그래서 청소놀래기와 고객 물고기는 서로 도움을 주고받는 상리공생의 대표적인 예로 잘 알려져 있다.

고객 물고기는 청소가 필요하면 청소놀래기들이 모여 있는 장소로 가는데, 이곳을 청소방^{cleaning station}이라 부른다. 청

청소놀래기(왼쪽)와 청소방(오른쪽). 청소놀래기가 청소 서비스를 하는 청소방에는 고객 물고기가 몰려 사진에서처럼 줄을 서야 할 수도 있다.

자료: (왼쪽) J. Tautz and M. Kleinhenz, Beegroup Würzburg, wikimedia (오른쪽) Philippe Bourjon, wikimedia

소놀래기는 보통 하루에 네 시간 정도 일하며, 한 마리가 하루에 2,000마리 이상의 고객 물고기를 처리한다. 바쁠 때는 고객 물고기가 청소방 밖에서 줄을 서서 기다리기도 한다. 모든 물고기가 청소방을 방문해 청소놀래기의 서비스를 받을 수는 없다. 곰치는 일종의 뱀장어로 바위틈이나 산호의 틈새 같은 곳에서 살아간다. 좁은 틈에서 몸을 숨기고 조용히 기다리다가 먹이가 나타나면 갑자기 먹이를 물어 잡아먹는다. 곰치가 선호하는 먹이는 문어, 오징어, 갑오징어, 새우 등이다. 곰치의 이런 식습관 때문에 이동하지 않고 한 장소에 가만히 머물러야 한다. 그렇지만 곰치도 청소가 필요하다. 그래서 청소놀래기는 이런 곰치를 위해 출장 서비스를 나가 곰치를 청소해주기도 한다.

청소 물고기와 고객 물고기는 서로 협력하면서 즉각적으로 이익을 주고받는다. 그래서 서로 혈연관계가 없는 동물 사이에서도 협력이 가능하며, 심지어 청소 물고기와 고객 물고기와 같이 서로 다른 종이더라도 협력을 진화시킬 수 있다. 협력이 쉽게 일어날 수 있는 조건은 협력을 주고받는 주체가 자주 반복적으로 도움을 주고받을 수 있는 기회가 있어야 한다. 그래서 협력은 고정된 장소에 사는 개인들끼

리 쉽게 일어난다. 고정된 장소에 살고 있지 않더라도 상대
방을 인식할 수 있으면 협력이 쉽게 일어날 수 있다.

하루에 엄청나게 많은 수의 고객이 찾아오지만 청소놀래
기는 고객을 기억하고 그들을 단번에 알아볼 수 있는 능력
을 갖추고 있다(Tebbich et al, 2002). 청소놀래기는 거울을 보
면 자기를 인지할 수 있을 정도로 관찰력과 기억력이 좋다.
그래서 고객 물고기의 특징을 이용해 기억하는 것으로 알려
져 있다. 고객 또한 똑같은 청소방을 매번 찾는데 이들이 공
간 학습을 통해 특정한 장소를 기억할 수 있기 때문이다.

청소 물고기와 고객 물고기는 서로 도움을 주고받는 협력
관계지만 그렇다고 항상 서로의 이익이 맞아떨어지는 것은
아니다. 보통 고객 물고기가 청소 물고기보다 엄청나게 크
다. 따라서 고객 물고기는 언제든지 청소 물고기를 잡아먹
을 수 있는 포식자로 돌변할 수 있고, 실제로 고객 물고기가
청소 물고기를 잡아먹는 일도 있다. 그래서 고객 물고기는
청소방을 찾아오면 잡아먹을 의사가 없음을 분명히 알려야
한다. 고객 물고기가 청소방에 오면 모든 지느러미를 활짝
펴고 가만히 있는 자세를 취해 협력 의사를 표시한다(Côté
et al, 1998). 어떤 물고기는 머리나 꼬리가 수직으로 올라가

는 자세를 취하기도 한다. 이런 자세는 청소놀래기에게 안심하고 접근해 청소를 해달라는 의미다.

청소 서비스를 원하며 접근하는 고객 물고기에 대해 청소 물고기는 어떤 신호를 보낼까? 청소 물고기가 상상할 수 있는 최악의 상황은 고객 물고기가 혼동해 청소 물고기를 먹이로 잡아먹는 경우다. 따라서 청소 물고기는 자기의 신원을 뚜렷하게 밝힘으로써 고객의 혼동을 없애야 한다. 청소놀래기는 파란 바탕에 검은 무늬가 몸의 한가운데로 길게 지나간다. 이렇게 눈에 잘 띄는 색과 무늬는 고객 물고기가 접근하는 청소 물고기를 먹이로 착각하지 않게 해준다. 실제 청소 물고기는 대부분 청소놀래기와 같이 눈에 잘 띄는 색과 무늬로 치장하고 있다. 청소 물고기의 색과 무늬는 포식자에게 아주 효과적이어서, 일부 어떤 물고기는 청소놀래기의 체색을 모방하기도 한다. 게다가 청소방은 대체로 포식자로부터 안전하므로 일부 물고기는 그곳을 피난처로 사용하기도 한다.

비록 고객 물고기가 청소방에서 얌전하게 굴더라도 청소놀래기는 항상 고객이 포식자로 돌변하는지 살펴야 한다. 청소놀래기가 몸이나 지느러미를 이용해 고객 물고기의 등

지느러미를 살살 부딪치는데, 이 행동은 고객 물고기가 공격하는 것을 막는 유화 신호다(Bshary and Würth, 2001). 고객 물고기는 비포식자보다 포식자가, 또 배가 부를 때보다 배가 고플 때 청소놀래기에게 위협적이다. 그래서 청소놀래기는 고객 물고기가 포식자이거나 배가 고플 때 이런 유화 신호를 빈번하게 사용한다.

협력은 점검을 통한 신뢰를 바탕으로 한다

청소놀래기와 고객 물고기의 협력관계는 청소놀래기의 이기적인 행동으로 깨질 수도 있다. 청소놀래기는 고객 물고기에 붙어 있는 기생충을 잡아먹지만, 사실 그보다 더 탐나는 음식은 고객 물고기 그 자체다. 특히 고객 물고기의 점액이나 살아 있는 조직은 부드러워 먹기 좋고 영양분도 훨씬 많다. 그래서 청소놀래기는 암묵적인 계약관계를 깨고 고객 물고기의 점액이나 조직을 먹기도 한다(Grutter and Bshary, 2004). 이 협력관계를 깬 청소놀래기를 처벌하기 위해 고객 물고기는 청소방에서 나가버리거나 청소놀래기를 공격적으로 쫓아다닌다. 이런 식의 처벌을 받고 나면 청소놀래기는 얌체 행동을 멈추고 다시 기생자만 잡아먹는다(Bshary and Grutter, 2005).

사회생활은 구성원들의 협력에 기초한다. 협력에 참여하는 주체는 모두 이익을 얻을 수 있지만 그렇다고 해서 협력 관계가 항상 안정적으로 유지되는 것은 아니다. 만약 얌체 행동을 통해 더 많은 이익을 얻게 되면 협력은 깨질 수 있다. 청소놀래기와 고객 물고기의 협력은 얌체 행동을 신속하게 처벌해야만 유지될 수 있다는 것을 보여준다. 또 협력 관계의 과정마다 의사 표현을 정확히 함으로써 상대방에게 나의 진의를 뚜렷하게 알려야 한다. 어떤 일의 결과가 모두에게 좋다 하더라도 반드시 그 일이 잘 진행된다는 보장은 없다. 협력은 과정 하나하나마다 점검을 통한 신뢰를 바탕으로 할 때 가능하다. 사람의 협력도 마찬가지다.

19

하이에나의 환영 의례

갈등을 해소하는
환영 의례

하이에나는 우리에게 인상이 좋지 않은 동물 중 하나다. 생김새는 개와 비슷하지만 등에는 볼품없는 갈기가 있고 목은 엄청나게 두툼하다. 귀는 동그랗고 주둥이는 시커멓다. 가끔 사람들이 떠들썩하게 지껄이는 듯한 소리를 내거나 섬뜩하고 오싹한 괴음을 내기도 한다. 실제로 하이에나는 개보다 고양이에 가깝다. 떼로 몰려다니며 치타, 표범, 심지어 사자가 사냥한 먹이를 훔치려고 기회를 엿본다. 그래서 하이에나는 동화나 애니메이션에서 흔히 사악함 또는 나쁜 징조와 연결되어 있다.

하이에나의 인상은 이들의 독특한 환영 의례greeting ceremony에서도 기인한다. 일단 하이에나들이 서로 만나면 '생식기 냄새 맡기'라는 환영 의례를 치른다. 먼저 하이에나 두 마리가 서로 반대 방향으로 마주 본 뒤 각자 뒷다리 하나를 들고 상대방 생식기의 냄새를 맡는다. 새끼나 지위가 낮은 하이에나는 누운 자세를 취할 수도 있다. 환영 의례는 암컷이 시작하는 경우가 많은데, 신기하게도 하이에나 암컷 생식기의 외관은 수컷 생식기처럼 가늘고 길게 뻗어 있다. 암컷과 수컷의 생식기는 외부적으로 별 차이가 없어 보여서 처음 보는 사람은 암컷의 생식기를 보고 모두 수컷으로 혼동한다. 독특한 생김새 때문에 하이에나 암컷의 생식기는 늘 관심의 대상이다. 또 가늘고 긴 생식기 모양으로 인해 하이에나 암컷은 출산할 때 매우 고통스러워한다. 실제로 암컷의 가느다란 생식기 때문에 첫 출산 시 새끼들이 거의 사산된다. 하이에나는 왜 이렇게 독특하게 환영 의례를 치르는 걸까?

하이에나 사회는 흔히 '일가clan'라고 한다. 아프리카에서 가장 흔한 하이에나는 점박이하이에나인데 이 종의 일가는 몇 개의 가문으로 구성되어 있고, 한 개의 가문은 할머니와

아프리카에서 가장 흔한 점박이하이에나(왼쪽)와 하이에나의 환영 의례(오른쪽)   자료: (왼쪽) flowcomm, wikimedia (오른쪽) David W. Siu, wikimedia

엄마, 딸, 이모 등으로 구성된 암컷 중심의 혈연집단이다. 다른 포유동물과 마찬가지로 암컷은 성장해도 일가에 남아 있지만, 수컷은 성장하면 일가를 떠난다. 점박이하이에나 일가는 보통 90마리가 넘는 대규모 무리를 형성하며, 모든 구성원은 하나하나 서로를 알고 있고 소리를 통해 구분할 수도 있다(Holekamp et al, 2007). 이들은 공동의 영역을 지키며, 굴에서 공동으로 육아를 한다.

하이에나 사회는 위계질서가 엄격하다. 하이에나의 리더는 크기나 전투 능력과 상관없이 일가에서 가장 인기 있는 암컷 하이에나다. 즉 동맹의 수가 가장 많고, 네트워크가 가장 넓은 암컷이다. 하이에나 수컷들은 일가에 유입되는 순서대로 서열이 정해진다. 하이에나 수컷은 암컷보다 작고, 외부에서 왔기 때문에 전반적으로 서열이 낮다. 그래서 지위가 가장 높은 수컷은 지위가 가장 낮은 암컷 앞에서도 복종해야 한다. 하이에나의 서열관계는 매우 안정적이어서 몇십 년이 흘러도 그대로 유지되는 경우가 많은데, 한 가문의 암컷이 리더라면 몇 세대가 지난 후에도 그 가문의 자손이 리더인 경우가 많다.

다른 포유동물들처럼 하이에나 사회도 구성원의 수가 계속해서 바뀌는 이합집산 사회다. 단독으로 행동하기도 하고, 몇 마리가 같이 움직이기도 하며, 가끔 무리 전체가 모이기도 한다. 흩어져 있는 개인들이나 소규모의 무리가 다시 모이면 서로의 이해가 충돌한다. 하이에나의 경우 커다란 초식동물을 사냥했을 경우 다른 하이에나 일가나 사자로부터 먹이를 지키기 위해 무리를 불러 모을 수 있다. 그러나 일가의 다른 하이에나들이 도착하면 먹이를 독점할 수 없고 나눠야만 한다. 떨어져 있던 개인들이 모이면 서로의 의도를 파악하고 오해의 여지를 없앨 필요가 있다.

하이에나의 환영 의례는 무리의 재결합 시 갈등을 해소

하는 데에 매우 중요하다. 갈등의 소지가 가장 많은 경우는 무리에서 떨어져 있던 하이에나들이 사냥을 마친 뒤 식사를 하고 있는 하이에나 무리에 합류할 때다. 보통 무리에 합류하는 하이에나들이 먼저 환영 의례를 시작한다. 합류하는 하이에나들이 환영 의례를 하지 않았을 경우 공격당하는 빈도가 환영 의례를 했을 경우보다 7.2배나 높아진다(Smith et al, 2015). 생식기 냄새를 맡는 환영 의례가 끝나면 일가는 다시 잠잠해지고 일상으로 돌아가곤 한다.

리더의 가장 중요한 역할은
사회의 결속력을 높이는 일이다

생식기 냄새를 맡는 환영 의례는 리더가 주도한다. 하이에나 리더는 무리를 돌아다니며 적극적으로 환영 의례를 하며 서열관계를 재확립하고, 무리의 일원이라는 소속감을 확인한다. 하이에나 무리는 서열관계가 분명하고 서로 협력할 때 응집력을 높일 수 있다. 그리고 응집력이 높을수록 하이에나 일가는 커다란 초식동물을 사냥하거나 다른 하이에나 일가로부터 영역을 지키기 쉽다. 물론 무리의 협력을 잘 끌어낼수록 하이에나 리더는 빠르고 건강하게 새끼를 키울 수 있다. 그래서 하이에나 리더는 독특한 환영 의례를 통해 일가의 결속력을 다진다.

무리가 흩어졌다 재결합할 때 일어나는 환영 의례는 특히 영장류에 잘 발달해 있다. 남미의 거미원숭이는 서로 만나면 포옹하고, 침팬지 암컷은 싸움한 후에 키스하며 화해한다. 서열이 낮은 침팬지 수컷은 서열이 높은 수컷의 생식기를 만져 복종을 확인한다. 인간은 서로 만나면 주로 악수를 한다. 좀 더 친밀한 사이라면 서로 껴안거나 등을 두드리기도 한다. 이런 환영 의례는 개인들이 떨어졌다 다시 만났을 때 발생할 수 있는 갈등을 해소함으로써 무리의 응집력을 높이는 데에 아주 중요하다.

사람이나 많은 동물 모두 타인끼리 만나거나 서로 떨어져 있던 지인끼리 만나면 환영 의례로 시작하는 경우가 많다. 또한 환영 의례는 상대방의 의도를 잘 모를 때 시도하는 경우도 많다. 특히 자원을 두고 경쟁하거나 상대방과의 협력을 예상하지만 상대방의 반응을 예측하기 어려울 때 환영 의례로 시작한다. 환영 의례는 보통 시작하는 개인이 비공격적인 자세를 취하고, 상대방도 이와 비슷한 반응을 예상한다. 이런 우호적인 행동은 관계를 회복하거나 강화하거나 새로 확립할 때 아주 중요하다(Holekamp et al, 2007).

환영 의례를 할 때는 일정한 행동을 미리 정해놓고 의례적으로 치르는 것이 중요하다. 상대방을 만날 때 우호적인 마음을 가지고 적극적으로 취한 행동이 오해를 사는 경우가 많기 때문이다. 예를 들어 반가운 마음으로 껴안거나 신체 일부를 만지는 행동이 익숙하지 않은 이성한테는 거부감을 일으킬 수 있다. 만약 일정한 행동을 관습으로 정해놓고 의례적으로 치르면 오해를 피할 수 있기 때문에 우호를 증진할 수 있다.

다른 많은 동물도 마찬가지지만 하이에나에 관한 생각은 우리의 선입견에서 시작한다. 하이에나는 먹이의 95퍼센트 이상을 스스로 사냥해 해결한다. 그뿐만 아니라 안정적인 사회구조를 바탕으로 대규모의 무리를 유지할 수 있는 동물이다. 이런 하이에나 사회에서 리더의 가장 중요한 역할은 일가의 결속력을 높이는 일이다. 그리고 사회의 결속력을 높이는 방법은 간단한 환영 인사에서 출발한다.

지금 우리에게 필요한 리더십

리더십의 5가지
고유 기능과 특징

인간의 리더십은 '본질'과 '파생' 부분으로 나눌 수 있다. 여기서 본질 부분의 리더십은 인간 이전의 조상으로부터 물려받은 리더십의 속성이고, 파생 부분은 인간 사회의 독특한 리더십 스타일이다.

　우리 인간은 지난 몇백만 년 동안 다른 동물과 독립적으로 진화해왔다. 따라서 인간 집단에서 발생하는 사회적 조정 문제, 그리고 이 사회적 조정 문제를 해결하기 위한 리더십도 동물 집단의 조정 문제와 리더십과는 분명 차이가 있다. 바로 이 차이점이 파생에 해당하는 인간의 리더십이라 하겠다.

반면에 본질 부분의 리더십은 리더십의 고유 기능을 수행하기 때문에 필요한 특징이고, 따라서 본질에 해당하는 동물 사회와 인간 사회의 리더십에는 큰 차이점이 없다. 특히 다양한 동물 집단의 리더십을 비교 분석하는 과정에서 모든 사회에 필요한 리더십의 공통분모를 추출해낼 수 있다. 다음은 인간을 포함한 모든 동물 사회에서 나타나는 리더십의 고유 기능과 특징이다.

1. 리더십의 기능은 집단의 사회적인 조정과 관련된 문제의 해결이다. 집단생활을 하는 개인들은 늘 반복되는 의사결정 문제에 봉착한다. 각자 하고 싶은 대로 하면 집단의 결속이 깨지면서 모두 손해를 본다. 따라서 개인들은 결속을 유지하면서 공통의 목적을 수행해야 하는 사회적인 조정이 필요하다. 이 문제는 일부 개인이 리더가 되고, 나머지는 팔로워가 되면 해결할 수 있다. 리더십은 구성원의 협력, 그리고 의사결정의 정확성과 신속성을 촉진하기 때문에 선택된 사회적인 전략이다.

2. 좋은 리더십 스타일은 그 집단의 생태적(물리적·사회적) 특징에 따라 결정된다. 동물의 리더십은 종마다, 그리고 집단마다 다르다. 헌신적인 리더십, 친절한 리더십, 폭력적인 리더십, 동맹의 리더십, 자유방임 리더십, 냉철한 리더십 등 아주 다양한 리더십 스타일이 있다. 이렇게 다양한 리더십 스타일이 있는 이유는 구성원의 수, 혈연관계, 관계의 지속 시간, 이익의 분배 구조, 물리적 환경 등이 집단마다 다르기 때문이다. 따라서 각 동물 집단마다 발생하는 사회적인 문제가 다르고, 이것을 해결하는 리더십 스타일도 다를 수밖에 없다. 이 말은 모든 집단에 공통으로 적용할 수 있는 리더십 스타일은 없다는 의미이기도 하다.

3. 리더십이 잘 작동하는 집단에서는 리더와 팔로워 모두 번성한다. 개인(팔로워)은 늘 한 집단에 속해 있을 때와 혼자 살아갈 때를 저울질한다. 집단생활의 혜택을 누리지 못한다면 더 이상 그 집단에 소속될 이유가 없다. 집단생활이 평균적으로 개인에게 이익이거나, 미래의 기대 이익이 현재의 비용보다 크다면 집단에 머무를 이유가 충분하다. 집단생활이 개인에게 유리하지 않다면 개인은 집단을 떠나거나

붕괴시키려는 시도를 한다.

4. 한 집단의 리더십 스타일은 절대 완벽하지 않다. 따라서 불공평 또는 잘못된 의사결정 같은 해결되지 않은 문제점이 늘 있다. 다른 형질과 마찬가지로 오랜 진화 과정을 거쳤다고 해서 리더십이라는 형질이 한 집단에서 절대 완벽하진 않다. 다만 현재 가능한 여러 대안 중 최선일 뿐이다. 따라서 리더십 스타일은 절대 고정된 것이 아니다. 더 좋은 대안이 나오면 현재의 리더십 스타일은 얼마든지 대체될 수 있다.

5. 가장 중요한 리더십의 역할은 사회 통합이다. 집단의 크기가 작을수록 리더는 주로 현실적인 문제를 해결해준다. 그러나 집단의 크기가 커질수록 리더의 역할은 현실적인 문제보다는 집단의 사회 통합을 유지하는 역할이 중요해진다. 따라서 집단의 크기와 상관없이 가장 중요한 리더십의 역할은 사회 통합이라 할 수 있다.

리더십은 진화의 산물이다. 각 동물 사회의 리더십은 그

종이 처한 물리적·사회적 환경에서 오랜 진화의 검증을 거쳐 최적화되어 있거나 또는 최적화 근처에 있다고 볼 수 있다. 각각의 동물 사회가 부딪치는 현실적인 문제를 해결하고, 사회적 결속력을 유지시켜주는 최선의 길이 리더십이다. 따라서 좋은 리더가 이끄는 사회가 번성한다는 점은 모든 동물 사회에서 일관적으로 나타나는 공통점이다.

리더 & 팔로워 leader & follower

집단을 이루고 사는 동물들은 종종 '리더'와 '팔로워'라는 전략을 진화시킬 수 있다. 개인들이 모여있는 집단은 서로 행동을 조정하고, 신속하게 의사결정을 할 때 집단의 이익을 누릴 수 있다. 이렇게 상호작용하는 개인들이 공통의 목적을 달성하기 위해 행동을 조정하는 사회적 과정을 리더십이라 한다. 리더는 팔로워에게 사회적 영향력을 행사해 공통의 목적을 달성하려고 하는 자고, 팔로워는 리더에 맞춰 자신의 행동을 조정하는 자다. 코끼리, 늑대, 꿀벌 및 침팬지 집단은 뚜렷한 리더와 팔로워가 존재한다. 그러나 카리부 집단은 뚜렷한 리더나 팔로워가 없다. 대신 정보를 가진 개인이 순간적으로 리더가 되어 무리의 움직임을 주도하는 일시적인 리더가 있다.

가모장 matriarch

가모장은 암컷이며 동시에 소속해 있는 동물 집단에서 가장 서열이 높다. 포유류의 경우 암컷 중심 사회가 흔하고, 이 경우 서열이 가장 높은 개인은 암컷이며 가모장이 된다. 코끼리의 경우 나이가 가장 많은 암컷이 가모장이 된다.

알파 수컷 & 알파 암컷 alpha male & alpha female

동물 집단에서 무리의 움직임을 주도하거나, 서열이 높은 개인을 알파 수컷 또는 알파 암컷이라 한다. 일부 종에서는 알파 암컷과 알파 수컷이 한 집단에 동시에 존재하는데, 주로 번식하는 쌍인 경우다. 알파 암컷과 알파 수컷은 먹이 분배나 교미에서 우선권을 갖고, 어떤 종에서는 알파 암컷과 알파 수컷만 번식할 수 있다. 알파의 지위를 얻기 위해서 동물들은 육체적인 경쟁을 하기도 하고, 동맹을 형성하기도 한다.

군중심리 herd mentality

군중심리는 집단의 개인들이 중앙집권적인 명령 없이 집합적으로 움직이는 행동 또는 심리를 말한다. 무리를 이루고 사는 대형 초식동물이나 새의 무리에는 중심적인 리더가 없다. 예를 들어 개인들이 포식자의 출현에 대응하여 일사불란하게 회피하거나, 목적지에 대한 정보가 없음에도 무리의 모든 개인이 장거리 이주를 할 수 있다. 이때 무리의 개인들은 서로 일정한 거리를 유지하고, 옆의 개인이 움직이는 방향으로 이동한다는 간단한 행동 규칙만 이용한다. 정보가 없는 개인들이 군중심리라는 간단한 행동 규칙을 이용하면 무리 전체가 살아 있는 조직처럼 유기적으로 행동할 수 있다.

이기적 무리 selfish herd

20세기 진화생물학자 윌리엄 해밀턴은 동물들이 무리를 짓는 행동을 개체군이나 종에 이익이 되는 과정을 통해 진화했다는 아이디어를 인정하지 않고, 개인이 집단생활을 통해 얻는 이익에 초점을 맞춰 설명했다. 예를 들어 포식자의 공격이 예상되면 개인은 공격의 위험을 낮추기 위해 다른 이들을 장애물로 이용하기 위해 접근한다. 다른 개인들도 같은 목적으로 각자의 위험 범위를 낮추기 위해 서로에게 접근하고, 이런 이기적인 목적 때문에 무리가 형성된다. 무리 내의 위치에 따라서도 위험의 정도가 달라진다. 우위에 있는 개인은 더 안전한 무리의 내부를 차지하고, 열위에 있는 개인들은 위험한 무리의 외곽으로 밀려난다. 따라서 동물이 무리를 짓는 이유는 이타적인 목적보다는 이기적인 목적에서 찾아야한다.

쏠림 이론 skew theory

무리의 이익은 결코 공평하게 배분되지 않는다. 대부분의 집단생활에서 얻는 순이익은 개인 간에 차이가 있으며, 특정 개인에게 치중되는 경우가 많다. 대개 나이가 많고 경험이 풍부하고 몸집이 큰 개인이 집단생활에서 가장 큰 혜택을 누린다. 이것을 쏠림 이론이라 하며, 행동생태학을 전문으로 연구하는 산드라 베렌캠프가 처음으로 제안했다.

합의 의사결정 consensus decision-making

집단에 속한 개인들이 합의를 이루면서 여러 개의 대안 중에서 하나를 선택하는 과정이다. 만약 개인들이 합의에 도달하지 못하면 집단이 갈라지거나 와해할 수도 있다. 집단의 모든 개인이 의사결정 과정에 참여하면 정족수나 모든 투표의 평균값을 이용하여 의사결정을 할 수 있다. 참여자가 많고, 다양한 배경을 가지고 있으면 풍부한 정보를 의사결정에 반영시킬 수 있다. 합의 의사결정은 시간과 노력이 많이 들지만, 그 어떤 방법보다 정확하게 의사결정을 내릴 수 있기 때문에 동물들은 새집 찾기와 같이 무리의 운명이 달린 결정을 내릴 때 이 방법을 사용한다.

참고 문헌

- 칼 사피나, 『소리와 몸짓: 동물은 어떻게 생각과 감정을 표현하는 가?』, 김병화 역, 돌베개, 2017, 782쪽.

- Adler J, Tso W-W. 1974. "Decision-Making in Bacteria: Chemotactic Response of Escherichia coli to Conflicting Stimuli", Science 184:1292-1294.

- Brown CR, Brown MB. 1986. "Ectoparasitism as a Cost of Coloniality in Cliff Swallows (Hirundo Pyrrhonota)", Ecology 67:1206-1218.

- Bshary R, Würth M. 2001. "Cleaner fish Labroides dimidiatus manipulate client reef fish by providing tactile stimulation", Proceedings Biological Sciences. 268(1475):1495-501.

- Grutter AS, Bshary R. 2004. "Cleaner fish, Labroides dimidiatus, diet preferences for different types of mucus and parasitic gnathiid isopods", Animal Behaviour. 68(3):583-8.

- Buston P. 2003. "Size and growth modification in clownfish.

Nature", 424:145-146.

• Buston PM, Zink AG. 2009. "Reproductive skew and the evolution of conflict resolution: a synthesis of transactional and tug-of-war models", Behavioral Ecology 20:672-684.

• Cant MA, Hodge SJ, Bell MBV, Gilchrist JS, Nichols HJ. 2010. "Reproductive control via eviction (but not the threat of eviction) in banded mongooses", Proceedings of the Royal Society B: Biological Sciences 277:2219-2226.

• Clague GE, Cheney KL, Goldizen AW, McCormick MI, Waldie PA, Grutter AS. 2011. "Long-term cleaner fish presence affects growth of a coral reef fish", Biology letters. 7(6):863-5.

• Clutton-Brock TH, Gaynor D, Kansky R, Maccoll ADC, McIlrath G, Chadwick P, Brotherton PNM, O'Riain JM, Manser M, Skinner JD. 1998. "Costs of cooperative behaviour in suricates (Suricata suricatta)", Proceedings of the Royal Society of London. Series B: Biological Sciences 265:185-190.

• Clutton-Brock TH, Gaynor D, McIlrath GM, Maccoll ADC, Kansky R, Chadwick P, Manser M, Skinner JD, Brotherton PNM. 1999. "Predation, group size and mortality in a cooperative mongoose, Suricata suricatta", Journal of Animal Ecology 68:672-683.

- Conradt L, Roper TJ. 2003. "Group decision-making in animals", Nature 421:155-158.

- Cooper R, Dejong DV, Forsythe R, Ross TW. 1989. "Communication in the Battle of the Sexes Game: Some Experimental Results", The RAND Journal of Economics 20:568.

- Couzin ID, Krause J. 2003. "Self-organization and collective behavior in vertebrates", Advances in the Study of Behavior 32. p. 1-75.

- Couzin ID, Krause J, Franks NR, Levin SA. 2005. "Effective leadership and decision-making in animal groups on the move", Nature 433:513.

- Côté IM, Arnal C, Reynolds JD. 1998. "Variation in posing behaviour among fish species visiting cleaning stations", Journal of Fish Biology. 53(sA):256-66.

- Frank SA. 2003. "Repression of competition and the evolution of cooperation", Evolution 57:693-705.

- Hamilton WD. 1964. "The genetical evolution of social behaviour", I & II. Journal of Theoretical Biology 7:1-52.

- Hamilton WD. 1971. "Geometry for the selfish herd", Journal of Theoretical Biology. 31:295-311.

- Harcourt JL, Sweetman G, Johnstone RA, Manica A. 2009. "Personality counts: the effect of boldness on shoal choice in three-spined sticklebacks", Animal Behaviour 77:1501-1505.

- Holekamp KE, Sakai ST, Lundrigan BL. 2007. "Social intelligence in the spotted hyena (Crocuta crocuta)", Philosophical transactions of the Royal Society of London Series B, Biological sciences. 362:523-38.

- Kerth G, Ebert C, Schmidtke C. 2006. "Group decision making in fission-fusion societies: evidence from two-field experiments in Bechstein's bats", Proceedings of Biological Sciences. 273:2785-2790.

- Kerth G. 2010. "Group decision-making in animal societies", Pages 241-265 in Kappeler P, ed. Animal Behaviour: Evolution and Mechanisms. Berlin, Heidelberg: Springer Berlin Heidelberg.

- King AJ, Wilson AM, Wilshin SD, Lowe J, Haddadi H, Hailes S, Morton AJ. 2012. "Selfish-herd behaviour of sheep under threat", Current biology. 22(14):R561-R562.

- Krakauer AH. 2005. Kin selection and cooperative courtship in wild turkeys. Nature 434:69-72.

- Maynard Smith J. 1982. "Evolution and the theory of games", Cambridge University Press.

- McComb K, Moss C, Durant SM, Baker L, Sayialel S. 2001. "Matriarchs As Repositories of Social Knowledge in African Elephants", Science 292:491-494.

- McComb K, Shannon G, Durant SM, Sayialel K, Slotow R, Poole J, Moss C. 2011. "Leadership in elephants: the adaptive value of age", Proceedings of the Royal Society B: Biological Sciences. 278(1722):3270-6.

- Mech LD. 1999. "Alpha status, dominance, and division of labor in wolf packs", Canadian Journal Of Zoology 77:1196-1203.

- Moussaïd M, Helbing D, Theraulaz G. 2011. "How simple rules determine pedestrian behavior and crowd disasters", Proceedings of the National Academy of Sciences 108:6884-6888.

- Nakayama S, Harcourt JL, Johnstone RA, Manica A. 2012. "Initiative, Personality and Leadership in Pairs of Foraging Fish", PloS one 7:e36606.

- Padilla ESR. 2010. "Caribou leadership: A study of traditional knowledge, animal behavior, and policy", University of Alaska Fairbanks.

- Popper KR. 1999. "All Life is Problem Solving", Routledge.

- Pratt SC. 2005. "Quorum sensing by encounter rates in the ant Temnothorax albipennis", Behavioral Ecology. 16:488-496.

- Prins HHT. 1996. "Ecology and Behaviour of the African Buffalo: Social inequality and decision making", Springer Dordrecht.

- Rapoport A. 1979. "Two-Person Game Theory: The Essential Ideas", University of Michigan Press.

- Reebs SG. 2000. "Can a minority of informed leaders determine the foraging movements of a fish shoal?", Animal Behaviour 59:403-409.

- Rueden CRv, Jaeggi AV. 2016. "Men's status and reproductive success in 33 nonindustrial societies: Effects of subsistence, marriage system, and reproductive strategy", Proceedings of the National Academy of Sciences 113:10824-10829.

- Seeley TD, Buhrman SC. 1999. "Group decision making in swarms of honey bees", Behavioral Ecology and Sociobiology 45:19-31.

- Smith EA. 2004. "Why do good hunters have higher reproductive success?", Human Nature 15:343-364.

- Smith JE, Estrada JR, Richards HR, Dawes SE, Mitsos K, Holekamp KE. 2015. "Collective movements, leadership and consensus costs at reunions in spotted hyaenas", Animal Behaviour. 105:187–200.

- Sumpter DJ, Pratt SC. 2009. "Quorum responses and consensus decision making", Philos Trans R Soc Lond B Biol Sci 364:743–753.

- Tebbich S, Bshary R, Grutter AS. 2002. "Cleaner fish Labroides dimidiatus recognise familiar clients", Animal Cognition. 5(3):139–45.

- Young AJ, Carlson AA, Monfort SL, Russell AF, Bennett NC, Clutton-Brock T. 2006. "Stress and the suppression of subordinate reproduction in cooperatively breeding meerkats", Proceedings of the National Academy of Sciences 103:12005–12010.

- Vehrencamp SL. 1983. "A model for the evolution of despotic versus egalitarian societies", Animal Behaviour 31:667–682.

- Ward AJW, Sumpter DJT, Couzin ID, Hart PJB, Krause J. 2008. "Quorum decision-making facilitates information transfer in fish shoals", Proceedings of the National Academy of Sciences 105:6948–6953.

- Wroblewski EE, Murray CM, Keele BF, Schumacher-Stankey JC, Hahn BH, Pusey AE. 2009. "Male dominance rank and reproductive success in chimpanzees, Pan troglodytes schweinfurthii", Animal Behaviour 77:873-885.

KI 신서 10601

인류 밖에서 찾은 완벽한 리더들

1판 1쇄 발행 2023년 1월 4일
1판 4쇄 발행 2024년 11월 1일

지은이 장이권
펴낸이 김영곤
펴낸곳 (주)북이십일 21세기북스

인생명강팀장 윤서진 **인생명강팀** 박강민 유현기 황보주향 심세미 이수진
디자인 지완
출판마케팅팀 한충희 남정한 나은경 한경화 최명열
영업팀 변유경 김영남 전연우 강경남 최유성 권채영 김도연 황성진
제작팀 이영민 권경민

출판등록 2000년 5월 6일 제406-2003-061호
주소 (10881) 경기도 파주시 회동길 201(문발동)
대표전화 031-955-2100 **팩스** 031-955-2151 **이메일** book21@book21.co.kr

(주)북이십일 경계를 허무는 콘텐츠 리더

21세기북스 채널에서 도서 정보와 다양한 영상자료, 이벤트를 만나세요!
페이스북 facebook.com/jiinpill21 **포스트** post.naver.com/21c_editors
인스타그램 instagram.com/jiinpill21 **홈페이지** www.book21.com
유튜브 youtube.com/book21pub

서울대 가지 않아도 들을 수 있는 명강의! 〈서가명강〉
'서가명강'에서는 〈서가명강〉과 〈인생명강〉을 함께 만날 수 있습니다.
유튜브, 네이버, 팟캐스트에서 '서가명강'을 검색해보세요!

ⓒ 장이권, 2023
ISBN 978-89-509-9144-9 04300
       978-89-509-9470-9 (세트)